三寸之舌，强于百万之师

册二

战国策

[西汉]刘向 编选

万卷出版公司

楚使者景鲤在秦

原文

楚使者景鲤在秦，从[①]秦王与魏王遇[②]于境。楚怒。秦令周最为楚王曰：『魏请[③]无[④]与楚遇，而合齐于秦，是以鲤与之遇也。弊邑[⑤]之于与遇善之，故齐不合也。』楚王因不罪景鲤，而德[⑥]周、秦。

注释

①从：跟从。②遇：会晤。③请无：请，请求。④无：通『不』。⑤弊邑：指周室，谦称。⑥德：感激。

译文

楚国使者景鲤在秦国的时候，跟随秦王和魏王前往秦、魏的边界进行会晤。楚王为此感到气愤。秦王便派周最对楚王说：『魏国要求不和楚王进行会晤，而是希望秦、齐可以联合，所以秦王便让景鲤参与了此次会晤。因为秦国让楚使景鲤参加了这次会晤，且表现得非常友好，这样就使齐国产生了疑虑，怀疑秦、楚邦交友好，因此不愿意和秦国联合了。』楚王因此便没有加罪于景鲤，而是感激周最和秦国。

顷襄王二十年

原文

顷襄王[①]二十年，秦白起拔楚西陵，或拔鄢郢夷陵，烧先王之墓，王徙东北，保于陈城，楚遂削弱，

勾践夫人

吴国打败越国后，越王勾践和夫人被迫去吴国作俘虏，卧薪尝胆，以图全国，此图描绘的就是勾践夫人在途中的场景。

为秦所轻。于是白起又将兵来伐。

注释

①顷襄王：即楚国国君，楚怀王之子。

译文

楚顷襄王二十年，秦将白起攻取了楚国的西陵之地，另一路秦军攻陷鄢、楚国都城郢、夷陵，烧毁了楚国历代先王的陵墓，顷襄王往东北方向迁徙，在陈城这个地方得以栖身保存，楚国于是也日渐衰弱，被秦国看不起。不久，白起又领兵前来讨伐。

原文

楚人有黄歇者，游学博闻，襄王以为辩，故使于秦，说昭王曰：『天下莫强于秦楚，今闻大王欲伐楚，此犹两虎相斗，而驽犬受其弊，不如善楚，臣请言其说。臣闻之：物至而反，冬、夏是也；致至而危，累棋是也。今大国之地半天下，有二垂①，此从生民以来，万乘之地未尝有也。先帝文王、庄王、王之身，三世而不接地于齐，以绝从亲②之要。今王三使盛桥守事于韩，成桥③以北入燕。是王不用甲，不伸威，而出百里之地，王可谓能矣。王又举甲兵而攻魏，杜大梁④之门，举河内⑤，拔燕、酸

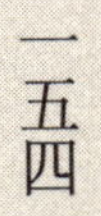

枣、虚、桃人⑥，楚、燕之兵云翔不敢校，王之功亦多矣。王申息众二年然后复之，又取蒲、衍、首垣⑦，以临仁、平兵，小黄、济阳婴城，而魏氏服矣。王又割濮磨之北，属之燕，断齐、秦之要，绝楚、魏之脊，天下五合六聚而不敢救也，王之威亦惮矣。王若能持功守威，省攻伐之心，而肥仁义之诫，使无复后患，三王不足四，五伯不足六也。

注释

①垂：通『陲』，指边陲。②绝从亲：断绝合纵结盟。从，通『纵』，指合纵。③成桥：即上文所谓盛桥。④大梁：魏国的都城。⑤河内：魏国之地，位于今河南省北部。⑥燕、酸枣、虚、桃人：魏国之地，位于今天河南延津县一带。⑦蒲、衍、首垣：位于今河南长垣县一带。

译文

有个楚人名叫黄歇，四处游学，非常的博学，见识很广，楚襄王觉得他是个雄辩之士，因此就让他出使秦国，黄歇游说秦王说：『天下诸侯没有谁能比秦国、楚国更为强大，现在我听闻大王想要征讨楚国，这就像是两虎相斗，最终将被呆滞的狗得了好处，大王您不如对楚国友好相待。我请求秦让我说说原因。我曾听说：事情到了极点必然会朝相反的方向发展，就好像冬夏的交替一样；安全到了极点就会有危险，这就像是下棋一样。现在秦国拥有整个天下一半的土地，西面和北面还有两个边陲，整个人类诞生以来，还没有哪个国家能像秦国一样成为万乘之国。但是从先帝孝文王、庄襄王，到大王您这一代，三代都没能够把土地扩展到和齐国相接壤，以断绝合纵的交通之道。如今大王您多次派盛桥到韩国帮助韩国驻守，使韩国归顺于秦，盛桥又使北面的燕国归顺于秦，这样

大王您不用耗费兵甲，不用施加威力，就得到了方圆百里的土地。之后大王您又举兵攻打魏国，封锁魏国的都城大梁，占领了河内地区，攻占了南燕、酸枣、虚、桃人等地，楚国和燕国的军队只能像天上飘的云一样，不敢与您较量，大王的功业已经很大了。大王您又使军队、百姓休养生息两年，两年后再次出兵，又攻取了蒲、衍、首垣，军队已经到达仁、平城下，小黄、济阳又不战而降，魏国最终臣服于秦国。大王您又把濮、磨以北之地割给燕国，这样就切断了齐国和秦国间的要道，斩断楚国与魏国之间的联系，天下诸侯五次联合六次聚首也始终不敢相互救援，大王您的威信已经很让人害怕了。大王您如果能够守住功业威名的话，停止攻伐的想法，并且广施仁义的教导，使得不再有后患，而这样的话三皇就不愁达到四个，五帝也不难达到六个。

原文

『王若负人徒之众，材兵甲之强，壹毁魏氏之威，而欲以力臣天下之主，臣恐有后患。《诗》云：「靡不有初，鲜克有终。」《易》曰：「狐濡其尾」，此言始之易，终之难也。何以知其然也？智氏见伐赵之利，而不知榆次之祸[①]也；吴见伐齐之便，而不知干隧之败[②]也。此二国者非无大功也，设利于前，而易患于后也。吴之信越也，从而伐齐，既胜齐人于艾陵，还为越王禽于三江[③]之浦；智氏信韩、魏，从而伐赵，攻晋阳之城，胜有日矣，韩、魏反之，杀智伯瑶于凿台之上。今王妒楚之不毁也，而忘毁楚之强魏也，臣为大王虑而不取。《诗》云「大武远宅不涉。」从此观之，楚国援也，邻国敌也。

注释

①榆次之祸：智伯在榆次这个地方遭到杀身之祸。榆次，位于今天山西榆次县。②干隧之败：吴王

夫差在干隧这个地方被越王勾践战败并擒获杀死。③三江：指松江、娄江、东江。

译文

「倘若大王您仰仗自己的百姓众多，依仗自己军队的强大，想要借灭亡魏国的威力，让天下所有的诸侯都臣服于您，我唯恐必定会留下后患。《诗经》上说：「事情往往都有一个好的开端，却很少有坚持到底的。」《易经》上说：「狐狸过河把尾巴都给弄湿了」，这是说开始时会比较容易，但要坚持到最后就很难了。怎么知道事情会是这个样子呢？六晋时期的智伯只看到了攻打赵国的好处，却没有想到会有榆次之祸；吴王夫差只看到攻打齐国的便利，却没有想到会有干隧之败。这两个国家并非没有建立大的功业，而是只贪图眼前的利益，换来了后面的祸害。吴王信任越，因此才讨伐攻齐，虽然在艾陵大败齐国，但是却在三江的河畔被越王勾践擒获；智伯信任韩、魏两国，因此才讨伐赵国，攻打赵国的晋阳城，胜利在即，韩、魏却反过来攻打智氏，在凿台之上杀死智。在大王妒恨楚国没有被灭亡，却忘了楚国一旦灭亡就会使魏国强大。我替大王担心这并不可取。诗经》上说：「即使再勇武，也不涉足遥远的地方。」从这来看的话，楚国与秦相距遥远，是秦国的助力量，邻近的国家才是您的敌人。

原文

「《诗》云：「他人有心，予忖度之。跃跃毚兔，遇犬获之。」今王中道而信韩、魏之善王也，此正吴信越也。臣闻敌不可易，时不可失，臣恐韩、魏之卑辞虑患而实欺大国也。此何也？王既无重世之德于韩、魏，而有累世之怨矣。韩、魏父子兄弟接踵而死于秦者百世矣，本国残，社稷坏，宗庙涂隳①，刳腹折颐，

首身分离，暴骨草泽，头颅僵仆，相望于境，父子老弱系虏，相随于路，鬼神狐祥[2]，无所食，百姓不聊生，族类离散，流亡为臣妾满海内矣。韩、魏之不亡，秦社稷之忧也。今王之攻楚，不亦失乎？

注释

①隳：指毁灭，破坏。②祥：非本地的，外来的鬼神称为『祥』。

译文

『《诗经》上还说：「其他人对我有什么坏心思，我要多思量揣摩它，兔子跑得再快，遇到狗也一定会被捉到。」现在大王您半路上竟然相信韩、魏两国与大王您有十分牢固的邦交，这就和吴王轻信越国一样。我还听说：对待敌人不能轻视，有了机遇不能错过。臣担心韩国和魏国表面上非常卑微，十分害怕祸害的样子，实际上却是在欺骗大王。为何会这样说呢？大王您不仅对韩国和魏国历代都没有施与什么恩德，而且代代有仇。韩、魏百姓的历代父子兄弟一个接一个地被秦军杀死，自己的国家也已经破败，国家社稷毁掉了，宗庙倒塌了，胸腹被剖开，面颊被割裂，身体和头颅被分开，头颅、白骨暴露在荒野沼泽，国境内外皆是如此，父子老弱都被绑着成为俘虏，就像没有家的孤魂野鬼一样，没有吃的，百姓无以生存，同族人颠沛流离，四处逃难成为奴仆。韩、魏两国不灭亡的话，秦国的国家社稷将十分忧心。如今大王您攻打楚国，难道不是错误的吗？

原文

『是王攻楚之日，则恶[1]出兵？王将藉路于仇雠之韩、魏乎？兵出之日，而王忧其不反也，是王以兵资于仇雠[2]之韩、魏。王若不藉路于仇雠之韩、魏，必攻阳右壤。随阳右壤此皆广川大水，山林谿谷，

不食之地，王虽有之，不为得地；是王有毁楚之名，无得地之实也。且王攻楚之日，四国必应悉起应王；秦、楚之构而不离[3]，魏氏将出兵而攻留、方与、铚、胡陵、砀、萧、相[4]，故宋必尽。齐人南面，泗北必举。此皆平原四达膏腴之地也，而王使之独攻，王破楚于以肥韩、魏于中国而劲齐。韩、魏之强足以校于秦矣，齐南以泗为境，东负海，北倚河，而无后患。天下之国莫强于齐，齐、魏得地葆利而详事[5]下吏，一年之后，为帝若未能，于以禁王之为帝有余。

注释

①恶：表示疑问，意为哪里。②仇雠：仇敌。③秦、楚之构而不离：指秦楚交战，互相勾连，秦国将无法脱身。构，指联结。④留、方与、铚、胡陵、砀、萧、相：以前都属于宋国，后宋灭亡，土地为秦国占领。⑤详事：悉心治理。

译文

『大王您发兵攻打楚国的时候，将要从哪里发兵呢？难道大王您要向您的仇人韩国和魏国借路吗？大王您发兵进攻楚国的时候，估计就会害怕无法返回秦国了，您这等于是用自己的军队资助韩、魏两国。大王您倘若不向韩、魏这两个敌国借路的话，那就必然会攻打楚国的随阳和右壤。但是随阳和右壤都是大川大河、高山深谷，没有人烟之地，大王您即使攻取了，也等于没有得到土地。这样的话，大王您只能得到灭楚的恶名，却没有获得土地的实利。并且秦王您进攻楚国的时候，齐、赵、韩、魏四国必然都会乘机袭击秦国；秦兵无法从秦、楚之战中抽身，魏国就会出兵攻打留、方与、铚、胡陵、砀、萧、相，必然占尽以往宋国的土地。齐国会从南面攻取，泗北之地就会全被占领。这些

都是平原地区，四通八达，物产丰富，大王您却只能让他攻占，大王你攻破了楚国，却让中部的韩、魏强大起来，让齐国也更为强劲。韩、魏两国更为强大就足以与秦国相抗衡了。而齐国西面以泗水作为边境，东面又接邻大海，北面倚仗黄河，就再也不会有什么后患了。那时候天下的诸侯没有哪个会比齐国更为强大，齐国和魏国得到土地保存实力，再认真教导官吏悉心治理，一年之后，即使还不能称帝于天下，但阻挠大王您称帝还是绰绰有余的。

原文

『夫以王壤土之博，人徒之众，兵革之强，一举众而注①地于楚，诎令韩、魏归帝重于齐，是王失计也。臣为王虑，莫若善楚。秦、楚合而为一临以韩，韩必授首②。王襟以山东之险，带以河曲之利，韩必为关中之候。若是王以十成郑③，梁氏寒心④，许、鄢陵婴城，上蔡、召陵不往来也，如此而魏亦关内候矣。王一善楚，而「关内」二万乘之主⑤注地于齐，齐之右壤可拱手而取也。是王之地一任两海，要绝天下也。是燕、赵无齐、楚，无燕、赵也，然后危动燕、赵，持齐、楚，此四国者不待痛而服矣。』

注释

①注：在这里指割让。②授首：授上首级，也就是指臣服。③以十成郑：也有其他版本作『以十万戍郑』。④寒心：指心存恐惧。⑤『关内』二万乘之主：指韩国、魏国。二，两。

译文

『凭借大王您广阔的疆土，众多的百姓，军队的强大，举兵之时就会与楚国结下怨恨，反而让韩、魏把帝王之位送给了齐王，这是大王您的失策啊。我为大王您考虑不如与楚国友好相处。秦楚一旦联合，发兵军临韩国，韩国肯定会向您俯首称臣。大王您占据崤山以东的险要之地，再加上占有河曲之利，韩国一定会成了您在关中的耳目。如果大王再以十万大军进攻郑，魏国肯定也会十分恐惧，许邑、鄢陵就会闭城自守，上蔡、召陵也不会再和魏国往来。如此一来，魏国也将成为大王您在关中的耳目。一旦大王您对楚国友好相待了，关内的韩国、魏国必然会进攻齐国，大王您拱手就能得到齐国的右壤。这样大王您的土地就会联结东、西两海，横绝于天下。这样燕、赵、齐、楚彼此之间就会没有往来。这之后您就可以胁迫燕、赵，挟持齐、楚，这四个国家不用等到出兵就会自动臣服。』

或为六国说秦王

原文

或为六国说秦王曰：『土广不足以为安，人众不足以为强。若土广者安，人众者强，则桀、纣之后将存。昔者，赵氏亦尝强矣。曰赵强何若？举左案齐①，举右案魏，厌②案万乘之国，二国，千乘之宋也。筑刚平③，卫无东野，刍牧薪采，莫敢窥东门。

注释

①举左案齐：赵国向左发兵可以攻下齐国。举，指举兵。②厌：通『压』，压服，制服。③刚平：原为卫地，赵国攻取之后建立城邑。

译文

有人替山东六国游说秦王，说："土地广阔，不能认为国家就安稳了；人口众多，不能认为国家就强大了。如果土地广阔国家就能安稳，人口众多国家就能强大，那么夏桀、商纣的后代还应当继续存在。从前，赵国也曾经强盛过。赵国强盛又怎么样呢？当初，赵国向左发兵可以攻下齐国，向右进兵可以攻下魏国，制服这两个万乘大国，就像制服千乘的宋国一样容易。赵国修筑刚平城，卫国就失去了东地，就连放牧打柴的人也不敢出入东门。

原文

"当是时，卫危于累卵，天下之士相从谋曰：'吾将还其委质[①]，而朝于邯郸之君乎！'于是天下有称伐邯郸者，莫[②]不令朝行。

注释

①委质：送去礼物。质，通"贽"，指礼物。②莫：通"暮"，傍晚。

译文

"在这个时候，卫国危如累卵，天下的士人聚集在一起谋划道：'我们能让卫国归还礼物，改事赵王吗？'于是诸侯中有声称攻打赵国的，晚上发布命令，第二天早晨就行动起来。

原文

"魏伐邯郸，因退为逢泽[①]之遇，乘夏[②]车，称夏王，朝为天子，天下皆从。齐太公闻之，举兵伐魏，壤地两分，国家大危。梁王[③]身抱质[④]执璧，请为陈侯臣，天下乃释梁。郢威王[⑤]闻之，寝不寐，食不饱，帅天下百姓，以与申缚⑥遇于泗水之上，而大败申缚。赵人闻之至枝桑，燕人闻之至格道。格道不通，平际绝。齐战败不胜，谋则不得，使陈毛释剑掫取，委南听罪，西说赵，北说燕，内喻其百姓，而天下乃齐释。于是夫积薄而为厚，聚少而为多，以同言郢威王于侧牖之间。臣岂以郢威王为政衰谋乱以至于此哉？郢为强，临天下诸侯，故天下乐伐之也！』

注释

①逢泽：今天河南开封。②夏：中原地区。③梁王：魏国梁惠王。④抱质：抱着礼物。质，通『贽』，礼物。⑤郢威王：即楚威王，楚怀王之父。因楚国建都郢，故又称郢威王。⑥申缚：齐国之将。

译文

『魏国进攻邯郸，打败了赵国，于是在逢泽和诸侯会盟。魏惠王乘坐中原之车，称为中原之王，朝拜天子，诸侯都顺从他。齐威王听说后，发兵攻打魏国，致使魏国国土分裂，国家深临危境。魏惠王亲自怀抱礼物、手拿玉璧，甘愿对齐威王称臣，诸侯这才从魏国撤兵。楚威王听说后，觉也睡不着，饭也吃不下，于是率领天下民众和齐将申缚交战于泗水之滨，大败申缚。赵国听说以后，发兵到枝桑；燕国听说以后，出兵到格道。格道和平陆的交通都被断绝。齐国作战不能取胜，计谋不能得逞，于是派陈毛解下佩剑，头戴布冠，向南听命于楚王，又西去赵国解说，北往燕国游说，对不明事理的百姓说明情况，诸侯这才停止进攻齐国。于是乎，积薄为厚，积少成多，人们街谈巷议，都在议论楚威王。我难道是认为楚威王的政治衰败谋略混乱到了这种地步吗？这是因为楚国以强力面对天下诸侯，所以天下诸侯才谋划讨伐楚国啊！』

卷七 秦策五

谓秦王

原文

谓秦王①曰：『臣窃惑王之轻齐易楚而卑畜韩②也。臣闻：王，兵胜而不骄③；伯，主约而不忿④。胜而不骄，故能服世；约而不忿，故能从邻⑤。今王广德⑥魏、赵而轻失齐，骄也；战胜宜阳，不恤楚交，忿也。骄忿非伯主之业也。臣窃为大王虑之而不取也。

注释

①秦王：秦武王。②卑畜韩：认为韩国卑贱如畜，即不以礼相待。③骄：骄狂傲慢。④忿：生气、暴躁。⑤从邻：使邻国服从，顺服。⑥广德：多多地施与恩德。

译文

有人对秦王说：『我私下很迷惑秦王您为何轻视齐国、楚国，对待韩国像对待卑微的牲畜一样。我曾听闻：真正的王者，作战取得了胜利也不骄傲；真正的霸主，统领盟约之国却不暴躁。战争胜利了却不傲慢，因此能为天下诸侯诚服；缔结盟约却不暴躁，因此能让邻国听顺于己。现在大王您对魏国和赵国施与了很多的恩惠，而轻易地丧失了和齐国的邦交，这是由于您的骄傲；在宜阳战胜，却不体恤楚国的邦交，这是因为您的暴躁。骄傲、暴躁都无法建立霸王的功业。我私下为大王您担心这是不可取的。

原文

『《诗》云：「靡不有初，鲜[①]克有终。」故先王之所重者唯始与终[②]。何以知其然？昔智伯瑶残范、中行[③]，围逼晋阳，卒为三家笑；吴王夫差栖越于会稽，胜齐于艾陵，为黄池之遇，无礼于宋，遂与勾践禽[④]，死于干隧；梁君伐楚胜齐，制赵、韩之兵，驱十二诸侯以朝天子于孟津，后子死[⑤]，身布冠而拘于秦。三者非无功也，能始而不能终也。

注释

①鲜：很少。②唯始与终：只有善始善终。③智伯瑶残范、中行：智伯瑶、范、中行、赵、韩、魏，为晋国六卿，六人把持晋国朝政，后智氏实力增强，灭了范氏、中行氏。④禽：通『擒』，擒获。⑤后子死：后来太子申死于马陵之战。

译文

『《诗经》上说：「事情往往都有个好的开始，但是很少能有一个好的结束。」因此先王重视的是善始善终。如何知道是这个样子的呢？六晋时期智伯毁灭了范氏和中行氏，又围攻进逼赵氏的晋阳城，智氏最终被杀，被三国所嘲笑。吴王夫差把越王拘禁在会稽山，又在艾陵战胜了齐国，在黄池与天下诸侯会盟，对宋国非常无礼，最终被越王勾践所擒获，在干隧被杀。梁惠王讨伐楚国，并战胜了齐国，又把赵国、韩国的军队制服了，役使十二个诸侯都到孟津去拜见周天子，但后来他的儿子太子申死了，自己也成了俘虏，被拘禁在秦国。这三个人并不是没有建立功业，只是他们仅仅做到了善始却没有善终啊！

原文

『今王破宜阳，残三川，而使天下之士不敢言；雍[①]天下之国，徙两周之疆，而世主不敢交；阳侯之塞，取黄棘，而韩、楚之兵不敢进。王若能为此尾，则三王不足四，五伯不足六。王若不能为此尾，而有后患，则臣恐诸侯之君，河、济[②]之士，以王为吴、智之事也。

注释

①雍：通『拥』，拥有。②河、济：黄河、济水。

译文

『现在大王您攻破宜阳城，夺取了三川之地，使得天下诸侯没有人敢和您说话；是坐拥天下的国家，改变了两周的疆土，天下诸侯不敢相互往来；拥有了阳侯这样的险塞，又攻取了黄棘，韩国、楚国的军队都不敢再向前。大王您如果能以此来善终的话，「三皇」就不愁达到四个，五帝也不难达到六个。秦王您如果不能以此善终的话，就会留有后患。我担心各个诸侯国的君主，黄河、济水的士人，会认为大王您做了吴王、智伯之类的事。

原文

『《诗》云：「行百里者半于九十」，此言末路之难。今大王皆有骄色，以臣之心观之，天下之事，依世主之心，非楚受兵，必秦也。何以知其然也？秦人援魏以拒楚，楚人援韩以拒秦，四国之兵敌，而未能复战也。齐、宋在绳墨之外以为权[①]，故曰：先得齐、宋者伐秦。秦先得齐、宋，则韩氏铄[②]；韩氏铄，则楚孤而受兵也；楚先得齐，则魏氏铄，魏氏铄，则秦孤而受兵矣。若随此计而行之，则两国者必为天下笑矣。』

注释

①权：参战。②铄：引申为削弱。

译文

《诗经》上说：「走一百里路，走了九十里只能算是一半」，这是说最后的路很难。如今大王您有所骄傲自满，按我的想法来看，天下的事，世人都认为，倘若不是楚国遭到战争之苦，必然就会是秦国。怎么知道会是这样子的呢？秦国援助魏国，却对抗楚国。楚国援助韩国以抵挡秦国，四国的兵力相当，不能再战了。齐国、宋国两国却在范围之外想要参战，所以说：先得到齐国和宋国援助的国家就会攻打秦国。假设是秦国先得到齐、宋的援助的话，韩国就会变弱；一旦韩国变弱，楚国就会孤立，而遭受战争。假设是楚先得到齐国的援助的话，魏国就会削弱，魏国一旦削弱，秦国就会孤立而遭受战争。如果按照这种形势发展的话，那么秦国、楚国必然会被天下人所耻笑。』

秦王与中期争论

原文

秦王与中期争论，不胜。秦王大怒，中期徐行①而去。或为中期说秦王曰：『悍人②也中期，适遇明君故也，向者遇桀、纣，必杀之矣。』秦王因不罪。

注释

①徐行：徐徐缓行而去，这里是说中期从容不迫的样子。②悍人：这里是指直言不讳、毫无顾忌。

译文

秦昭王和大臣中期发生了争论，昭王理屈辞穷，在争论中没能占上风，于是便勃然大怒，中期却从容不迫地离开。有人为中期向昭王说道：『中期真是个直言不讳、毫无顾忌的人呀，幸亏他现在碰的是贤明的君主您呀，如果他生在了夏桀、商纣的时代，必定会遭受君王的杀戮。』秦王听了以后，怒气尽消，便不再怪罪中期了。

楼梧约秦魏

原文

楼梧约秦、魏，魏太子为质[1]，纷强欲败[2]之。谓太后曰：『国与还[3]者也。败秦而利魏，魏必负之，负秦之日，太子为粪[4]矣。』太后坐王而泣。王因疑于太子[5]，令之留于酸枣。楼子患之。昭衍为周之梁，楼子告之。昭衍见梁王，梁王曰：『何闻？』曰：『闻秦且[6]伐魏。』王曰：『为期[7]与我约矣。』曰：『秦疑于王之约，以太子之留酸枣而不之秦。秦王之计曰：「魏不与我约，必攻我。我与其处而待之见[8]攻，不如先伐之。」以秦强折节[9]而下与国，臣恐其害于东周。』

注释

①质：人质。②败：破坏。③与还：还通『环』，意思是国家之间关系的好坏经常会循环不定。④粪：

粪便，这里用来比喻为太子将会像粪便一样被人抛弃。⑤疑于太子：在让太子做人质这件事上犹豫不定。⑥且：将要。⑦为期：约好了日期，前面省略了主语（秦国）。⑧见：被。⑨折节：改变志节行为，这里是指毁约。

译文

魏臣的楼梧邀约秦国和魏国结盟，秦国要求以魏太子作为人质。魏臣纷强想从中作梗，便对魏太后说道：『国家之间关系的好坏常常是循环不定的。一旦秦国失败、魏国得势的时候，魏国必定会违背盟约，一旦魏国违背盟约，太子的性命就将不保。』太后听后，便哭着对魏王诉说，阻止魏王派太子去秦国做人质。魏王也因此为是否让太子做人质的事而犹豫不定，并将太子留在了酸枣，没有让其到秦国做人质。楼梧为此非常担心。东周大臣昭衍为东周出使到魏国，楼梧将魏太子留在酸枣的事情告诉给了他。昭衍前去拜见魏王，魏王问道：『你听到什么动静了吗？』昭衍说：『我听说秦国就要准备出兵进攻魏国了。』魏王说道：『可秦国和魏国已经约好日期去订立盟约了呀！』昭衍说：『秦国怀疑大王订立盟约的诚意，因为太子人还留在酸枣，并没有前去秦国做人质。秦王还谋划着说：『如果魏国不实践盟约的话，必定就会进攻秦国。与其等着魏国前来进攻秦国，倒不如秦国先去攻打魏国。』以秦国的强大，必将毁约去进攻魏国，而魏国是我们的盟国，我担心这将会危及到我们东周呀。』

濮阳人吕不韦贾于邯郸

原文

濮阳[1]人吕不韦贾[2]于邯郸，见秦质子[3]异人[4]，归而谓父曰：『耕田之利几倍？』曰：『十倍。』『珠玉之赢几倍？』曰：『百倍。』『立国家之主赢几倍？』曰：『无数。』曰：『今力[5]田疾作，不得暖衣余食；今建国立君，泽[6]可以遗世。愿往事之。』

注释

①濮阳：今河南濮阳一带。②贾：行商，做买卖。③质子：被作为人质的王子。④异人：人名，秦国孝文王的儿子。⑤力：致力于。⑥泽：恩泽，福泽。

译文

濮阳人吕不韦去赵国首都邯郸经商，看到秦国人质孝文王的庶子异人，回去以后就对父亲说：『耕田的利润有几倍？』他父亲回答说：『十倍。』『经营珠玉利润有几倍？』他父亲回答说：『一百倍。』吕不韦又问：『拥立国家的君主可以赢利多少呢？』他父亲回答说：『无法计算。』于是吕不韦就说：『现在我们每年辛苦耕种，仍然不能获得温饱或发财。但是假如能建立国家，拥立一个君主，就可以把利润传给子孙，我现在决心去做这件事。』

原文

秦子异人质于赵，处于聊城。故往说[1]之曰：『子傒[2]有承国之业，又有母在中。今子无母于中，外托于不可知之国，一日倍[3]约，身为粪土。今子听吾计事，求归，可以有秦国。吾为子使秦，必来请子。』

注释

①说：指游说。②子傒：即秦国的太子。③倍：通『背』，背弃，背叛。

译文

秦国的王子异人在赵国当人质，他住在赵国的聊城，于是吕不韦特地去见异人说：『你们异母兄子傒有继承秦国王位的资格，并且在朝中有母亲的势力作为后盾。而你现在朝中既没有母亲的援助，在外面又身在敌国当人质，一旦秦、赵两国发生战争，那你的性命将成为两国的牺牲品。现在你如果听我的计划，设法回到你的祖国，你就可以继承王位。我替你到秦国去活动以后，秦国必然派人来请你回去。』

原文

乃说秦王后弟阳泉君曰：『君之罪至死，君知之乎？君之门下无不居高尊位，太子门下无贵者。君之府藏珍珠宝玉，君之骏马盈外厩，美女充后庭。王之春秋[①]高，一日山陵崩[②]，太子用事，君危于累卵，而不寿于朝生[③]。说有可以一切而使君富贵千万岁，其宁于太山四维[④]，必无危亡之患矣。』

注释

①春秋：指年纪。②山陵崩：指秦王逝世。古时称帝王、诸侯的去世为『崩』。③朝生：为植物名，早上长出来晚上凋谢。④太山四维：太山，即泰山；四维，东北、西北、东南、西南四个维度。

译文

于是吕不韦就去了秦国，对秦孝文王王后华阳夫人的弟弟阳泉君说：『阁下的罪状可以判处死刑，

阁下知道吗？阁下的食客都身居高位，可是太子门下反而没有显贵；阁下府中珍藏有大量珍宝，阁下的骏马拴满了马房，而后宫更住满了美女。当今的秦王已经年纪很高，一旦不幸崩逝，太子子傒即位以后，那阁下的命运就比累卵还要危险十分，生命就像朝生暮谢的小植物那样短。现在我有一个计划，阁下可以努力去实行，不但能使阁下富贵，而且能使阁下享尽天年，那种稳固性就像泰山压住一样，绝对没有任何危险和忧虑。」

阳泉君避席①，请闻其说。不韦曰：『王年高矣，王后无子，子傒有承国之业，士仓②又辅之。王一日山陵崩，子傒立，士仓用事，王后之门，必生蓬蒿③。子异人贤材也，弃在于赵，无母于内，引领西望④，而愿一得归。王后诚请而立之，是子异人无国而有国，王后无子而有子也。』阳泉君曰：『然。』入说王后，王后乃请赵而归之。

注释

①避席：离开座位。②士仓：秦国的臣子。③王后之门，必生蓬蒿：王后的门前必然会生长很多蓬蒿野草，暗指受到冷落，无人问津。④引领西望：伸长脖子向西看，即盼望之意。

译文

阳泉君赶紧站起让座，并请吕不韦详细说明。吕不韦继续说道：『秦王的年岁已经很高了，王后又没有儿子，只有子傒有资格继承王位，由秦臣士仓辅佐，君王一旦崩逝以后，子傒即位为秦王，由士仓掌理大权，到那时王后的门前必然会冷落到生蓬蒿长野草。如今王子异人是一位很有才能的人，可惜却被遗弃赵国当人质，朝中又没有母亲的爱护，他经常伸长脖子向西望，很想能回国一次。假如王后能请君王立异人为太子，就等于是使无国的异人变成有国，使无子的王后变成有子了。』阳泉君说：『是的。』于是就赶紧劝说王后。不久王后要求赵国将异人送回秦国。

原文

赵未之遣①，不韦说赵曰：『子异人，秦之宠子也，无母于中，王后欲取而子之②。使③秦而欲屠赵，不顾一子以留计，是抱空质也。若使子异人归而得立，赵厚送遣之，是不敢倍德畔施④，是自为德讲。秦王老矣，一日晏驾⑤，虽有子异人，不足以结秦。』赵乃遣之。

注释

①未之遣：还没有被送回来。②子之：把他像儿子一样对待。③使：倘使，倘若。④倍德畔施：背弃恩德。倍，通『背』，背叛。畔，通『叛』，叛逆。德，施，皆指恩德、恩惠。⑤晏驾：秦王去世的委婉表达。

译文

还没等送异人回秦，吕不韦又去对赵王说：『秦王子异人是秦王所宠爱的王子，只是在朝中没有母亲的爱护，现在王后想要把他收为王子。假如秦国想要灭亡赵国，也不会由于顾及到一个王子在赵国而推迟秦国灭亡赵国的计划，所以赵国只拥有一个空的抵押品。假如异人回国能继承王位，而赵国又很有礼貌的送他回国，他必然不敢忘怀赵国的恩惠，即位以后就和赵国结为盟邦。现在秦王已经老了，一旦驾崩以后，那时赵国虽然有王子异人为人质，赵国也无法和秦国结盟。』于是赵国

就把异人送回秦国。

原文

异人至，不韦使楚服而见。王后悦其状，高其知[1]，曰：『吾楚人也。』而自子之，乃变其名曰楚。王使子诵，子曰：『少弃捐在外，尝无师傅所教学，不习于诵。』王罢之。乃留止。

注释

①高其知：认为他很聪明。知，通『智』。

译文

异人回到秦国之后，吕不韦让他穿楚国服装去见王后。王后看到异人很高兴，就一再夸奖他的聪明说：『我也是楚国人。』于是就立刻收异人为子，并且替他改名为『子楚』。孝文王想叫异人当场背诵一段经书，异人回答说：『儿臣从小就被送到外国当人质，并没有老师教我读书，所以不会背诵经书。』这样孝文王才不让子楚背诵经书，并把他留在宫中。

原文

间[1]曰：『陛下尝轫车于赵[2]矣，赵之豪桀，得知名者不少。今大王反[3]国，皆西面而望。大王无一介之使以存之，臣恐其皆有怨心。使边境早闭晚开。』王以为然，奇其计。王后劝立之。王乃召相，令之曰：『寡人子莫[4]若楚。立以为太子。』

注释

①间：一会儿。②轫车于赵：在赵国停车，暗指做赵国的人质。③反：通『返』。④莫：指没有。

译文

过了一会儿，子楚对孝文王说：『君王以前曾在赵国停车，因此赵国豪杰都知道君王的大名。现在君王回国了，他们都向西方遥望君王，假若君王不派一个使者去问候他们，我唯恐他们都要存有怨恨的心情，不如让边境的关门早闭晚开。』孝文王认为子楚这话说得有道理，并夸他善于奇谋。这时王后就劝孝文王立子楚为太子。于是孝文王就召见相国说：『我的王子都不如子楚，现在我就立子楚为太子。』

原文

子楚立，以不韦为相，号曰文信侯，食[1]蓝田十二县。王后为华阳太后，诸侯皆致秦邑。

注释

①食：以……为食禄、俸禄。

译文

后来子楚继承秦国王位以后，任命吕不韦为相国，封他为文信侯，用蓝田十二县的收入为俸禄。同时封王后为华阳太后，天下诸侯都到秦国为太后来进献养地。

文信侯欲攻赵以广河间

原文

文信侯[1]欲攻赵以广河间[2]，使刚成君蔡泽事燕，三年，而燕太子质于秦。文信侯因请张唐相燕，

欲与燕共伐赵，以广河间之地。张唐[3]辞曰：『燕者必径于赵，赵人得唐者，受百里之地。』文信侯去而不快。少庶子甘罗[4]曰：『君侯何不快甚也？』文信侯曰：『吾令刚成君蔡泽事燕，三年，而燕太子已入质矣。今吾请张卿相燕，而不肯行。』甘罗曰：『臣行之。』文信君叱去曰：『我自行之而不肯，汝安能行之也？』甘罗曰：『夫项橐生七岁而为孔子师，今臣生十二岁于兹矣！君其试臣，奚以遽言叱也？』

注释

①文信侯：即吕不韦，秦相国。②河间：为吕不韦的封地。③张唐：秦国的臣子。④少庶子甘罗：文信侯吕不韦的家臣，秦将甘茂之孙，年少聪明。

译文

文信侯想要出兵攻打赵国，从而扩展自己的封地河间，他让刚成君蔡泽臣奉燕国，三年之后，燕国的太子丹来到秦国作为人质。文信侯又通过秦人张唐出任燕国的相国，想要与燕国联手攻打赵国，拓展自己的封地河间。张唐推辞说：『想要到燕国必定会经过赵国，赵国正悬赏捉拿我呢，凡是抓到我的人，就可以得到百里之地的奖赏。』文信侯走了，心中十分不高兴。少庶子甘罗问：『君侯您为何如此的不快乐啊？』文信侯回答说：『我让刚成君蔡泽到燕国为官，三年之后燕国太子丹已经来到秦国做人质。今天我想请张唐出任燕国的相国，然而他却不肯去！』甘罗说：『我去让他去。』文信侯非常生气地说：『我亲自让他去他都不肯去，你又怎么能让他去呢？』甘罗说：『项橐七岁的时候就做了孔子的老师，我今年都已经十二岁了，君侯您就让我去试一下吧，怎能立刻就训斥我呢？』

原文

甘罗见张唐曰：『卿之功孰与武安君？』唐曰：『武安君①战胜攻取不知其数，攻城堕②邑不知其数；臣之功不如武安君也。』甘罗曰：『卿明知功之不如武安君欤？』曰：『知之。』『应侯之用秦也孰与文信侯专？』曰：『应侯不如文信侯专。』曰：『卿明知为不如文信侯专欤？』曰：『知之。』甘罗曰：『应侯欲伐赵，武安君难之，去咸阳七里，绞而杀之。今文信侯自请卿相燕，而卿不肯行，臣不知卿所死之处矣！』唐曰：『请因孺子③而行！』令库具④车，厩具马，府具币。行有日矣，甘罗谓文信侯曰：『借臣车五乘，请为张唐先报赵。』

见赵王，赵王郊迎。谓赵王曰：『闻燕太子丹之入秦与？』曰：『闻之。』『闻张唐之相燕与？』曰：『闻之。』『燕太子入秦者，燕不欺秦也；张唐相燕者，秦不欺燕也。秦、燕不相欺，则伐赵危矣。燕、秦所以不相欺者，无异故，欲攻赵而广河间也。今王赍⑤臣五城以广河间，请归燕太子，与强赵攻弱燕。』赵王立割五城以广河间，归燕太子。赵攻燕，得上谷⑥三十六县，与秦什一。

注释

①武安君：秦将白起，为秦国屡立战功。②堕：破坏，毁坏，此处指夺取。③孺子：指甘罗。④具：准备，预备。⑤赍：赠送给人东西。⑥上谷：燕地名，位于河北与北京交界一带。

译文

甘罗于是就去拜见秦将张唐，对他说：『大人您认为自己与武安君白起相比谁的功绩更大？』张唐回答说：『武安君打下无数个胜仗，攻取无数个城池，攻城略地，无法计算，我远远不如武安君。』

甘罗又问：『您的确知道自己的功劳不如武安君吗？』张唐答道：『知道啊』甘罗接着问：『大人您觉得曾经执掌国政的应侯与文信侯比较的话，谁的权势大？』张唐说：『应侯范雎比不上文信侯。』甘罗问：『您的确知道是这样吗？』张唐说：『知道。』甘罗说：『应侯曾经想要进攻赵国，武安君认为非难他，最终应侯范雎在距离咸阳七里的地方绞死了武安君。如今文信侯亲自请求您出任燕国的相国，但是您却不答应，我不知道大人您将在何处葬身啊！』张唐道：『请孺子您替我告诉文信侯，我愿意前行出任燕国相国。』于是就准备车辆和马匹，备好礼品。秦将张唐走了好几天之后，甘罗又对文信侯说道：『请君侯您帮我准备五辆车子，我要替张唐先到赵国。』

于是甘罗就去面见赵王，赵王到郊外去迎接甘罗。甘罗说：『赵王您可曾听说燕国太子丹已经来了秦国做人质的事情了吗？』赵王回答道：『听说了。』甘罗又问到：『您听说张唐要到燕国出任相国之事了吗？』赵王回答说：『听说了。』甘罗又道：『燕太子丹来到秦国做人质，燕国必然不会欺骗秦国；而张唐到燕国为相，秦国必定也不会欺骗燕国。秦国和燕国彼此之间不欺骗的话，就会攻打赵国，赵国也就危险了。秦国和燕国不互相欺骗，没有别的原因，仅仅是为了要讨伐赵国，拓展文信侯封地河间的土地而已。如今大王您如果能够送给我五座城邑以扩展河间的土地的话，我就可以替您让秦国归送燕太子丹，和强大的赵国联手一起攻打弱小的燕国。』赵王马上割让五座城邑以扩展文信侯在河间的封地，秦国也把太子丹送回燕国。赵国进攻燕国，得到了上谷之地三十六个县，并把其中的十分之一送给秦国。

文信侯出走

原文

文信侯出走，与①司空马之赵，赵以为守相②，秦下甲而攻赵。司空马说赵王曰：『文信侯相秦，臣事之为尚书，习秦事。今大王使守小官习赵事。请为大王设秦、赵之战，而亲观其孰胜③，赵孰与秦大？』曰：『不如。』『民孰与之众？』曰：『不如。』『金钱、粟孰与之富？』曰：『弗如。』『国孰与之治？』曰：『不如。』『相孰与之贤？』曰：『不如。』『将孰与之武？』曰：『不如。』『律令孰与之明？』曰：『不如。』司空马曰：『然则大王之国百举而无及秦者，大王之国亡。』赵王曰：『卿不远赵而悉教以国事，愿于因计④。』

注释

①与：党羽，同党。②守相：官职名，是没有实权的一个小官。③孰胜：哪一个会取胜。孰，谁。④因计：按照计谋实行。

译文

文信侯吕不韦被秦王驱逐，他的亲信司空马逃到了赵国，赵王封了他个没有实权的小官。这个时候秦国正在调集军队兵马准备攻打赵国。司空马就对赵王说道：『文信侯担任秦国相国的时候，我曾是侍奉他，当过尚书，对秦国的情况比较了解。现在大王您让我做小官，也需要熟悉一下赵国的情况。请大王您允许我替您做一番秦国、赵国作战的比较，您亲自看看谁取胜的可能性更大。赵国与秦国哪个比较强大呢？』赵王回答说：『赵国不如秦国更为强大。』司空马又问：『哪个国家的

百姓更多？』赵王答道：『赵国不如秦国人口众多。』司空马又问道：『金钱、粮食哪个国家更富有？』赵王答：『不如秦国富有。』『哪个国家更为安定？』赵王回答说：『赵不如秦。』司空马又问：『哪个国家的相国更有贤能？』赵王回答：『赵相不如秦相。』司空马又问：『哪个国家的将军更为英武？』赵王回答说：『赵将不及秦将勇武。』『哪个国家的政治更为严明？』赵王回答说：『赵不如秦。』于是司空马就说：『既然这样，赵国各个方面都比不上秦国，大王您的国家就将要灭亡了。』赵王恳求说：『先生您这么远来到赵国，希望您不吝赐教，把救国之道全都教给我，我愿意听从先生的计策。』

原文

司空马曰：『大王裂[1]赵之半以赂秦，秦不接刃而得赵之半，秦必悦。内恶赵之守，外恐诸侯之救，秦必受之。秦受地而却兵，赵守半国以自存。秦衔赂以自强，山东必恐；亡赵自危，诸侯必惧。惧而相救，则从事可成。臣请大王约从。从事成，则是大王名亡赵之半，实得山东以敌秦，秦不足亡。』

赵王曰：『前日秦下甲攻赵，赵赂以河间十二县，地削兵弱，卒不免秦患。今又割赵之半以强秦，力不能自存，因以亡矣。愿卿之更计。』司空马曰：『臣少为秦刀笔[2]以官，长而守小官，未尝为兵首，请为大王悉赵兵以遇。』赵王不能将。司空马曰：『臣效愚计，大王不能用，是臣无以事大王，愿自请。』

注释

①裂：分裂，本文引申为割让。②刀笔：战国时期采用刀往竹简上刻字的方法来记事，所以称为『刀笔』。

译文

司空马说：『如果大王您可以割一半的土地来贿赂秦国的话，秦国不劳费刀刃就可以得到赵国一半的土地，秦王一定十分高兴。秦国自己也会担心赵国军队的守卫，同时还害怕其他诸侯前来救援，秦国必定会接受土地然后退兵，赵国虽然只剩下一半的国土，但还可以自存。秦国得到赵国的贿赂必然会骄傲自大，崤山以东的各诸侯必定会十分恐惧；一旦赵国灭亡了他们自己就会很危险，他们定然会十分害怕。他们恐惧了就会出兵援救赵，这样事情就可以完成了。我请求替大王您与诸侯合纵。如果合纵成功的话，大王您表面上是丢失了一半的江山，实际上却可以联合崤山以东的各个诸侯共同抵抗秦国，秦国就不足以使我们灭亡了。』

赵王说：『前些日子秦国攻打赵国，我为了求得自保，曾把河间地区十二个县割给秦国，国土削弱，兵力衰减，始终不能消除秦国的祸害。现在您又让我把一半的国土割给秦国让秦国变得更加强大，而赵国将无法自存，这样就会灭亡了。希望您能再想个办法。』司空马回答说：『我年轻的时候是执笔的官员，做了很长时间依然是个小官，未曾统率过军队，请大王允许我率领赵国的全部军队去抵抗秦国。』赵王不同意司空马为将。司空马说：『我向您进谏愚计，大王您不肯采纳，这样我对大王也没什么用了，我请求离开赵国。』

原文

司空马去赵，渡平原。平原津令郭遗劳而问：『秦兵下赵，上客从赵来，赵事何如？』司空马言其为赵王计而弗用，赵必亡。平原令曰：『以上客料之，赵何时亡？』司空马曰：『赵将武安君[1]期

年而亡；若杀武安君，不过半年。赵王之臣有韩仓者，以曲合于赵王，其交甚亲，其为人疾贤妒功臣。今国危亡，王必用其言，武安君必死。』

注释

①武安君：即李牧。

译文

司空马于是离开了赵国，经过平原津。平原津的县令郭遗便慰劳他并问道：『秦兵要攻打赵国，客人您自赵国而来，战况什么样啊？』司空马告诉他替赵王出谋划策而赵王却不采纳的事，赵国必然会灭亡啊。平原令说：『按照您的预料，赵国何时会灭亡？』司空马说：『赵王如果能使武安君李牧统帅军队的话，可以支撑一年灭亡；倘若杀掉了武安君的话，不出半年就会灭亡。赵国有个大臣叫韩仓，对赵王曲意逢迎，和赵王很亲近，此人非常妒忌贤良和有功之臣。如今赵国危机，赵王必定会听信韩仓之言，武安君必然会被处死。』

原文

韩仓果恶之，王使人代。武安君至，使韩仓数之曰：『将军战胜，王觞将军。将军为寿于前而捍匕首，当死。』武安君曰：『缲①病钩②，身大臂短，不能及地，起居不敬，恐惧死罪于前，故使工人为木材以接手。上若不信，缲请以出示。』出之袖中，以示韩仓，状如振梱，缠之以布。『愿公入明之。』韩仓曰：『受命于王，赐将军死，不赦。臣不敢言。』武安君北面再拜赐死，缩剑将自诛，乃曰：『人臣不得自杀宫中。』遇司空马门，趣甚疾，出诹门也。右举剑将自诛，臂短不能及，衔剑征之于柱以自刺。武安君死，五月赵亡。

平原令见诸公，必为言之曰：『嗟嗞乎，司空马！』又以为司空马逐于秦，非不知也；去赵，非不肖也。赵去司空马而国亡。国亡者，非无贤人，不能用也。

注释

①缳：指武安君，李牧名缳。②病钩：指胳膊不能伸直，只能弯曲着。

译文

韩仓果然诋毁武安君李牧，赵王就派人代替了李牧统帅军队。武安君返回邯郸后，赵王就派韩仓数落武安君李牧：『之前将军您打了胜仗，大王向您敬酒，将军您向大王贺寿，手却握着匕首，应该被诛杀！』武安君解释说：『那是因为我的右胳膊有病，不能伸展，我的身躯虽高大胳膊却比较短，向大王跪拜的时候双手够不到地，我害怕这样对大王不敬，担心犯了死罪，于是就叫木工用木头做了一个假臂。赵王如果不信的话，我请求出示我的手臂。』于是就从袖中取出假臂，向韩仓出示。假臂像是木橛一样，缠着布条。李牧恳求道：『希望您能入宫替我辩明。』韩仓却说：『我仅是听从于大王的命令而已，大王要赐死将军，决不赦免，我不敢替你说话。』于是武安君只好向北面朝赵王在此拜谢赐予他死罪，将要抽出宝剑自杀，又说道：『为人臣子不能在宫中自杀。』于是就走出司空马的门，走的越发地快，出了诹门，右手拿着宝剑要自杀，但是胳膊太短够不着，于是就用嘴含住剑，将剑柄抵在柱子上自刺杀自己。武安君死后，五个月赵国就灭亡了。

平原令之后每次见到别人，总会替司空马感慨道：『可惜啊，司空马！』同时他还认为，司空马被秦国驱逐，并非是因为他不聪明；离开赵国，不是因为无能。司空马离开赵国，赵国就灭亡。由此可以看出，国家灭亡不是因为没有贤人，而是因为君主不能采用贤人。

四国为一将以攻秦

原文

四国[①]为一，将以攻秦。秦王召群臣、宾客六十人而问焉，曰：『四国为一，将以图秦，寡人屈于内，而百姓靡于外，为之奈何？』群臣莫对。姚贾[②]对曰：『贾愿出使四国，必绝其谋，而安其兵。』乃资车百乘，金千斤，衣以其衣，冠带以其剑。姚贾辞行。绝其谋，止其兵，与之为交以报秦。秦王大悦。贾封千户，以为上卿。

注释

①四国：指吴、燕、楚、代这四个国家。吴即越，吴并于越后称越。代即赵，代并于赵仍称赵。②姚贾：秦臣。

译文

吴、燕、楚、代这四个国家联合起来，准备攻打秦国。秦王召集六十个大臣、宾客，问道：『四国联合为一体，想要对秦国有所图谋，我现在是国内物资困乏，在外百姓损伤，我们将要怎么办呢？』大臣们都不说话，不知如何是好。姚贾回答说：『我愿意到这四国去出使，必定会杜绝他们的谋划，使他们的军队按兵不动。』于是秦王就资助他上百辆车马，黄金上千斤，让姚贾穿上自己的华衣，戴上自己的帽子，腰佩自己的宝剑。姚贾向秦王辞行。最终杜绝了他们的合谋，使他们的军队停止了行动，和四国建立了邦交，并把这些禀报给了秦王。秦王十分高兴，赏封给姚贾千户土地，拜为上卿。

原文

韩非知之，曰：『贾以珍珠重宝，南使荆[①]、吴，北使燕、代，之间三年，四国之交未必合也，而珍珠重宝尽于内。是贾以王之权、国之宝，外自交于诸侯，愿王察之。且梁监门子[②]，尝盗于梁，臣于赵而逐。取世监门子、梁之大盗、赵之逐臣，与同知社稷之计，非所以厉群臣也。』

注释

①荆：即楚，为了避开秦庄襄王子楚的名讳故称之为『荆』。②监门子：看门人的儿子。监，看守。

译文

韩非知道了这件事之后，就对秦王说：『姚贾带着珍贵的珠宝，南面出使楚国和吴国，北面出使燕国和代国，这之间有三年的时间，不一定就和四国真的建立了邦交，但是那些珍贵的珠宝都用完了。这是姚贾利用大王您的权势，国家的珍宝，在外结交诸侯，请秦王您一定要察清楚啊。而且他是魏国看守大门的人的儿子，曾经在大梁偷盗，又在赵国当过臣子，又被驱逐。一个出身为看门人的儿子，魏国的盗贼，被赵驱逐的大臣，采用这样的人一起治理国家社稷，这不是鼓励大臣们的办法。』

原文

王召姚贾而问曰：『吾闻子以寡人财交于诸侯，有诸？』对曰：『有。』王曰：『有何面目复见寡

畜牧封侯

晋献公灭虞，俘虏了虞公及其大夫百里奚，将他们作为穆姬陪嫁送到秦国。百里奚逃到宛，被楚国人捉去放牧。秦穆公胸怀大志，得知百里奚已经逃到楚国，于是派使者到楚，用五张羊皮赎回百里奚，而后重用百里奚，秦国大治。

人？」对曰：『曾参孝其亲，天下愿以为子；子胥忠于君，天下愿以为臣；贞女工巧，天下愿以为妃①。今贾忠王，而王不知也。贾不归四国，尚焉之？使贾不忠于君，四国之王尚焉用贾之身？桀听谗而诛其良将，纣闻谗而杀其忠臣，至身死国亡。今王听谗，则无忠臣矣。』

注释

①妃：婚配。

译文

秦王于是就召见姚贾，问道：『我听说你用我的钱财去结交诸侯，有这回事吗？』姚贾回答说：『有。』秦王说：『你有什么脸面再来见我？』姚贾说：『曾参对他的双亲十分孝敬，天下人都想把曾参当做自己的儿子；伍子胥对他的国君十分忠诚，天下的国君都想把伍子胥当做自己的臣子；善于女工的女子手非常工巧，天下人都想让她做自己的妻子。如今我效忠于大王您，大王您却不知道。我不到四国，又能到哪里去呢？倘若我不忠诚于大王的话，四国的国君又为什么会信任我呢？夏桀听信别人的谗言，把良将给诛杀了；殷纣王听信诽谤之言，把忠臣杀害了，最终自己死了，国家也灭亡了。如今大王要是听信谗言的话，就没有忠臣了。』

原文

王曰：『子监门子，梁之大盗，赵之逐臣。』姚贾曰：『太公望①齐之逐夫，朝歌之废屠，子良之逐臣，棘津之雠②不庸，文王③用之而王。管仲其鄙人之贾人也，南阳之弊幽④，鲁之免囚，桓公用之而伯。百里奚虞之乞人，传卖以五羊之皮，穆公相之而朝西戎。文公⑤用中山盗，而胜于城濮。此四士者，皆有诟丑，大诽天下，明主用之，知其可与立功。使若卞随、务光、申徒狄⑥，人主岂得其用哉？故明主不取其污，不听其非，察其为己用。故可以存社稷者，虽有外诽者不听，虽有高世之名无咫尺之功者不赏。是以群臣莫敢以虚愿望于上。』

秦王曰：『然。』乃可复使姚贾而诛韩非。

注释

①太公望：即姜太公吕望，人称姜子牙，周国的开国功臣。②雠：通『售』，买。③文王：周文王姬昌。④弊幽：隐蔽不被人知道。弊，通『蔽』。⑤文公：晋文公重耳。⑥卞随、务光、申徒狄：皆为商朝的隐士。

译文

秦王说：『你是守门人的儿子，魏国的盗贼，赵国驱逐的大臣。』姚贾回答说：『姜太公曾经被妻子逐出家门，在朝歌当屠夫却没人买肉，在子良手下做事被驱逐，在棘津做苦力也没人雇用，周文王任用他却称王于天下。管仲是我家乡那地方的商贾，在南阳的时候隐蔽不被人所知道，又是鲁

所赦免的阶下囚，齐桓公任用他，并成就了霸业。百里奚是虞国的乞丐，五张羊皮就能把他买过来的人，秦穆公任用他为相国，最终使得西戎前来朝拜。晋文公任用了中山的大盗，却在城濮打了胜仗。这四个人都曾有做过让人诟病的丑事，被天下人诽谤，英明的君主却任用他，知道他可以帮助他们建立功业。倘若是像卞随、务光、申徒狄这样的人，国君怎么可能会任用呢？所以圣明的君主不取他身上有污点，不听从他不好的地方，洞察他的可用之处为自己所利用。所以可以使社稷保存的人，即使外面有人谤击也不听从，即使有很高的声望，没有一点功劳，也不进行奖赏。这样的话大臣们就不敢有以虚妄的想法了。』

秦王说：『你说得很对。』于是就再次任用姚贾，而诛杀了韩非。

楚威王战胜于徐州

原文

楚威王战胜于徐州，欲逐婴子[①]于齐。婴子恐。张丑[②]谓楚王曰：『王战胜于徐州也，盼子[③]不用也。盼子有功于国，百姓为之用[④]；婴子不善[⑤]，而用申缚。申缚者，大臣与，百姓弗为用，故王胜之也。今婴子逐，盼子必用。复整其士卒，以与王遇，必不便[⑥]于王也。』楚王因弗逐。

注释

①婴子：即田婴，齐威王的少子，封地在薛。②张丑：齐国的大臣。③盼子：即田盼，齐国的大臣。④用：效力。⑤不善：指田婴和田盼的关系不好。⑥便：有利于。

译文

楚威王在徐州打败了齐国，想让齐国将田婴驱逐出去。田婴为此而畏惧。齐臣张丑为田婴向楚王说道：『大王之所以能在徐州取得胜利，是由于田盼没有被齐国任用的缘故。田盼对国家有功，百姓都愿意为他效力。田婴和田盼的关系不好，所以齐国没有任用田盼，而是任用了齐将申缚，申缚这个人，仅仅是田婴的亲信，人民和大臣却都不愿意为他效力，因此大王才得以在徐州战胜申缚。如果您现在让齐国将田婴驱逐出去的话，田盼必然会受到任用。如果田盼被任用的话，他必将整顿军队来和大王您对抗，而这必然会不利于大王您。』因此，楚威王便放弃了让齐国将田婴驱逐出境的想法。

齐将封田婴于薛

原文

齐将封田婴于薛。楚王闻之大怒，将伐齐。齐王有辍志[①]。公孙闬曰：『封之成与不[②]，非在齐也，又将在楚。闬说[③]楚王，令其欲封公也又甚于齐。』婴子曰：『愿委之于子。』公孙闬为谓楚王曰：『鲁、宋事楚而齐不事者[④]，齐大而鲁、宋小。王独利鲁、宋之小，不恶齐大，何也？夫齐削地而封田婴，是其所以弱也。愿勿止。』楚王曰：『善。』因不止。

注释

①辍志：放弃原本的意愿。②不：通『否』。③说：说服。④者：……的缘故。

译文

齐王打算将薛邑封赏为田婴的封地。楚王听说以后非常恼怒，准备出兵进攻齐国。齐王便有了放弃封赏田婴的打算。公孙闬对田婴说道：『您能否得到封赏，关键不在齐国，而是在于楚国。让我前去说服楚王，让他比齐王更加想要封赏您。』田婴说：『那我就将这件事全权委托给您了。』于是，公孙闬为田婴向楚王说：『鲁、宋两国都争着讨好楚国，而齐国却不曾讨好楚国，这是由于齐国国力强大，而鲁、宋两国国力弱小的缘故，大王您为何却偏偏认为弱小的鲁、宋会对自己有利，却不担心齐国的强大呢？齐国赏赐给田婴封地，会使田婴的势力逐渐扩大，同时又会让齐国的国力削弱，希望您不要去阻止这件事。』楚王说：『你说的很有道理。』于是就放弃了阻止齐国封赏田婴的意图。

靖郭君将城薛

原文

靖郭君将城薛[①]，客多以谏。靖郭君谓谒者[②]，无为客通[③]。齐人有请者曰：『臣请三言[④]而已矣！益一言，臣请[⑤]烹。』靖郭君因见之。客趋[⑥]而进曰：『海大鱼。』因反[⑦]走。君曰：『客有于此[⑧]。』客曰：『鄙臣不敢以死为戏。』君曰：『亡[⑨]，更言之。』对曰：『君不闻大鱼乎？网不能止[⑩]，钩不能牵[⑪]，荡而失水，则蝼蚁得意焉。今夫齐亦君之水也。君长[⑫]有齐阴[⑬]，奚以薛为？失齐，虽隆[⑭]薛之城到于天，犹之无益也。』君曰：『善。』乃辍城薛。

注释

①将城薛：即将要修筑薛地的城墙。②谒者：负责通报的官吏。③通：通报。④三言：三个字。⑤请：请将我。⑥趋：小步快走，这是古代臣子面见君主时的一种礼节。⑦反：通『返』，返回，回头走。⑧有于此：留于此，意思是说留下来继续将话说完。⑨亡：通『无』，意思是，不要这么做。⑩止：捕获。⑪牵：牵引，即用鱼钩钓住。⑫长：长久地、永久地。⑬阴：庇护，荫庇。⑭隆：使之高，使动。

译文

靖郭君田婴打算在薛邑修筑城墙，门客纷纷前来劝阻。靖郭君下令给传达人员，让他们不要给那些门客通报。齐国有一个门客要求接见，说道：『请允许我说三个字就可以了，多说一个字的话，就请将我烹死。』于是靖郭君就同意召见了他。门客急步上前来禀告靖郭君说：『海大鱼。』说完后

转身就走了。靖郭君说道：『你不要这么着就走了，留下来继续将话说完吧。』门客说：『我不敢拿自己的性命来开玩笑。』靖郭君说：『别这么说，请您继续说完。』门客便说道：『您没听说过海中的大鱼吗？用鱼网无法捕到它，用鱼钩也不能将它钓上来；可是，一旦它处于干得连一滴水都没有的境地时，那些个小小的蚂蚁、蝼蛄也能将其制服。现在齐国就相当于是您的水呀。如果您可以长久地拥有齐国，要薛邑又有何用呢？可是一旦您失掉了齐国，即便是将薛邑的城墙修筑得像天一样高，又有何用呢？』靖郭君说：『你说的很有道理。』于是便放弃了在薛邑修筑城墙的意图。

靖郭君谓齐王

原文

靖郭君谓齐王曰：『五官①之计，不可不日听②也而数览。』王曰：『说五而厌之。』③今④与⑤靖郭君。

注释

①五官：周制有五官，分别是司徒、宗伯、司马、司寇、司空。②听：管理、检查。③说：五而厌之：此句应当是有脱字，应当为『日说五官，吾厌之。』意思是，每天都听五官前来汇报情况，不久就厌倦了。④今：应为『令』。⑤与：给予、交给。

译文

靖郭君田婴对齐王说道：『五官呈上的各种工作报告，大王您不可不每天都听取他们的汇报，并及时查阅他们的书面报告呀。』齐王说：『是啊，可是每天都要听五官前来汇报情况，我实在是很厌倦呀。』于是就下令将这些事交给靖郭君去处理了。

靖郭君善齐貌辨

靖郭君善齐貌辨①。齐貌辨之为人也多疵②，门人弗说③。士尉④以证靖郭君，靖郭君不听，士尉辞而去。孟尝君⑤又窃⑥以谏，靖郭君大怒，曰：『刬而类⑦，破吾家，苟可慊⑧齐貌辨者，吾无辞为之。』于是舍之上舍，令长子御，旦暮进食。

注释

①齐貌辨：人名，靖郭君的门客。②多疵：许多毛病，在此指其不拘泥于小节。③说：通『悦』，喜欢。④士尉：人名，靖郭君的门客。⑤孟尝君：即田文，靖郭君田婴的儿子，『战国四公子』之一。⑥窃：暗中。⑦刬而类：灭了我们这一族。刬，灭；类，族类。⑧慊：使之满意。

靖郭君对齐貌辨特别的亲近。但是齐貌辨和人相处不拘泥于小节，因此许多门客都不喜欢他。一个名叫士尉的门客想要劝说靖郭君，靖郭君不听取他的进谏，士尉就告辞离开了。孟尝君又在暗中进谏把齐貌辨驱逐出去，靖郭君十分恼怒，说：『哪怕是灭了我们这个家族，破坏了我的家业，如果能让齐貌辨满意，我将为此没有任何推辞！』于是田婴就安排齐貌辨住在上等客房，还派长子

给齐貌辨驾车，早晚服侍他吃饭。

原文

数年，威王薨[1]，宣王立。靖郭君之交，大不善于宣王，辞而之薛，与齐貌辨俱留。无几何，齐貌辨辞而行，请见宣王。靖郭君曰：『王之不说[2]婴甚，公往，必得死焉。』齐貌辨曰：『固[3]不求生也，请必行。』靖郭君不能止。

注释

①薨：古时对帝王或诸侯去世的委婉表达。②说：通『悦』，喜欢。③固：原本。

译文

几年之后威王驾崩了，齐宣王继位莅政。靖郭君田婴与齐宣王相交合很不好，于是就辞官回到自己的封地薛地，和齐貌辨都留在了薛城。可是没过多少时间，齐貌辨就向田婴告辞，请求晋见齐宣王。田婴对他说：『宣王不喜欢我田婴，你去的话，必然会被处死！』齐貌辨说：『我原本也不想活着了，我一定要去。』田婴没有办法阻止他。

原文

齐貌辨行至齐，宣王闻之，藏怒以待之。齐貌辨见宣王，王曰：『子，靖郭君之所听爱夫？』齐貌辨曰：『爱则有之，听则无有。王之方为太子之时，辨谓靖郭君曰：「太子相不仁，过颐豕视，若是者[1]倍反。不若废太子，更立卫姬婴儿郊师。」靖郭君泣，而曰：「不可，吾不忍也。」若听辨而为之，必无今日之患也。此为一。至于薛，昭阳请以数倍之地易[2]薛。辨又曰：「必听之。」靖郭

君曰：「受薛于先王，虽恶于后王，吾独谓先王何乎！且先王之庙在薛，吾岂可以先王之庙与楚乎？」又不肯听辨。此为二。』宣王大息，动于颜色曰：『靖郭君之于寡人一至此乎？寡人少，殊不知此。客肯为寡人来靖郭君乎？』齐貌辨对曰：『敬诺[3]。』

注释

①若是者：像这样的人。②易：指交换。③敬诺：对对方很恭敬地做出肯定答复。

译文

齐貌辨出行，来到了齐国，宣王听闻了这件事，储藏着愤怒等待齐貌辨的到来。齐貌辨朝见宣王，宣王对他说：『你，是不是靖郭君所恩宠、听信的人？』齐貌辨说：『靖郭君的确对臣很恩宠，但并不是听信。当年宣王您还是太子的时候，我曾经对靖郭君说：「太子相貌不够仁爱，两腮太大，喜欢像猪一样偷看。像这样的人如果当了国君的话必然违背正道。不如废掉太子，再立卫姬的儿子郊师为太子。」靖郭君却大哭着对我说：「不行，我不忍心。」倘若靖郭君什么都听信并按照我说得做的话，靖郭君肯定不会有今天的祸害，这是第一件事。到了薛城之后，楚相国昭阳请求用几倍的土地和靖郭君交换薛地，我又对靖郭君进谏说：「您一定要听信这个请求啊。」靖郭君说：「薛地是我从先王那里得到的，即使宣王厌恶我，我该怎么向先王交代啊？并且薛地还是先王的宗庙所在的地方，我怎么能够把先王的宗庙给楚国呢？」他又不肯听信于我。这是第二件事。』齐宣王长叹一声，脸上的颜色都变了，说：『靖郭君对我的感情竟然会如此深厚啊！我年少，不知道这些。先生您肯为我请求靖郭君回来吗？』齐貌辨答道：『可以。』

原文

靖郭君衣[①]威王之衣，冠，带其剑。宣王自迎靖郭君于郊，望之而泣。靖郭君至，因请相之。靖郭君辞，不得已而受。七日谢病，强辞，三日而听。

当是时，靖郭君可谓能自知人矣。能自知人，故人非之，不为沮。此齐貌辨之所以外生、乐患、趣难者也。

注释

①衣：穿上。

译文

靖郭君田婴穿上威王赐给自己的衣服，戴上威王赐给自己的帽子，腰里佩带着威王赐给自己的宝剑。宣王自己到都城的郊外迎接他，宣王一看到他就哭了。靖郭君来到朝廷之后，宣王就请求他担任相国。靖郭君田婴推辞，没有办法最后就接受了。但是七天之后，就又声称生病而强行推辞，三天之后宣王总算才答应了田婴的辞职。

这时候，靖郭君这才可以说是能够了解别人啊！由于自己可以了解别人，因此即使别人非议，他也不会为此沮丧。这也就是齐貌辨把生死放在外边、乐于帮人解除忧患、救助处于危难中之人的原因。

齐威虞姬

邯郸之难

原文

邯郸之难①，赵求救于齐。田侯②召大臣而谋，曰：『救赵孰与勿救？』邹子③曰：『不如勿救。』段干纶④曰：『弗救则我不利。』田侯曰：『何哉？』『夫魏氏兼邯郸，其于齐何利哉？』田侯曰：『善。』乃起兵，曰：『军于邯郸之郊。』段干纶曰：『臣之求利，且不利者非此也。夫救邯郸军于其郊，是赵不拔而魏全也。故不如南攻襄陵⑤以弊魏。邯郸拔而承魏之弊，是赵破而魏弱也。』田侯曰：『善。』乃起兵南攻襄陵，七月邯郸拔。齐因承魏之弊，大破之桂陵。

注释

①邯郸之难：指魏国攻打邯郸之事。邯郸，赵国的国都，位于今天河北邯郸。②田侯：即齐威王。③邹子：即邹忌，齐国的相国。④段干纶：齐国的臣子。⑤襄陵：魏国的地名，位于今河南睢县。

译文

魏国攻打邯郸城，赵王就向齐国寻求救助。齐威王就召集群臣一起商议，齐威王问：『救赵还是不救赵，哪个比较好呢？』邹忌回答道：『不如不要帮助赵国。』大臣段干纶说：『如果不救赵的话，就会对我们齐国不利。』威王问道：『为何？』段干纶回答道：『如果魏国占取了邯郸城，这对齐国而言又能有何利呢？』威王说：『是。』于是齐国就发兵救赵，威王下令说：『把军队驻扎在邯郸城郊外。』段干纶又说：『我所指的有没有好处并不在于此。救助邯郸，把军队驻扎在邯郸城的郊外，这样，赵国的都城邯郸就不会被攻破，而魏国因为停战也会使实力得以保全。因此我们不如向南攻打魏国的襄陵，这样魏军就会很疲惫。如果邯郸城被攻破的话，我们就可以借魏军疲惫的机会出兵魏国，如此的话赵国国都被攻破了，而魏军也会被削弱。』威王说：『好。』于是齐国就向南发兵攻打魏地襄陵，七月份的时候，邯郸城被魏军攻破，齐国借此魏军疲弊之机，在桂陵大败魏军。

南梁之难

原文

南梁之难[1]，韩氏请救于齐。田侯[2]召大臣而谋曰：『早救之孰与晚救之便？』张丐[3]对曰：『晚救之，韩且折而入于魏，不如早救之。』田臣思[4]曰：『不可，夫韩、魏之兵未弊，而我救之，我代韩而受魏之兵，顾反[5]听命于韩也。且夫魏有破韩之志，韩见且亡，必东愬于齐。我因阴结[6]韩之亲，而晚承魏之弊，则国可重，利可得，名可尊矣。』田侯曰：『善。』乃阴告韩使者而遣之。

注释

①南梁之难：指魏国攻打韩国南梁之事。南梁，韩国地名，位于今河南临汝一带。②田侯：齐威王。③张丐：齐国的臣子。④田臣思：齐国的臣子。⑤顾反：反过来。⑥阴结：暗地里结盟。

译文

魏国发兵韩地南梁，于是韩国就向齐寻求救助。齐威王就召集群臣一起商议这件事，齐王说：『早点救助韩国还是晚点救助韩国，哪种对我们比较有利？』张丐回答说：『假若我们晚些救助韩国的话，韩国就会反过来投靠魏国，还是早点救助韩国为好。』田臣思说：『不可以，现在韩国和魏国的军队都还没有疲弊，如果我们发兵帮助韩国，我们就会替韩军经受魏军的进攻，这样反而会使我们听从于韩国的控制。并且魏国有攻破韩国的志愿，韩国看着自己快要灭亡了的时候，肯定会向东求助于齐。我们可以秘密地与韩国建立良好的邦交，晚些时候借魏军疲惫的时候再救助韩国。这样的话齐国就会受到重视，也可以得到好处，威名也会更为尊贵。』齐威王说：『好的。』于是就派人秘密与韩国的使者结交，并让他先返回韩国。

韩自以专有齐国，五战五不胜，东愬于齐，齐因起兵击魏，大破之马陵①。魏破韩弱，韩、魏之君因田婴②北面而朝田侯。

注释

①马陵：地名，位于今河北大名一带。②田婴：齐国的大臣。一说为衍文。

译文

韩国自以为有齐国的救援，与魏军打了五次仗五次都没有取胜，于是就再次向齐国求助，齐国于是就发兵讨伐魏国，在马陵大败魏军。魏国被击破，韩国也衰弱了，于是韩国和魏国的君王通过田婴到北面朝拜齐威王。

成侯邹忌为齐相

原文

成侯邹忌为齐相，田忌为将，不相说[1]。公孙闬谓邹忌曰：『公何不为王谋伐魏？胜，则是君之谋也，君可以有功；战不胜，田忌不进，战而不死，曲挠而诛[2]。』邹忌以为然，乃说王而使田忌伐魏。田忌三战三胜，邹忌以告公孙闬。公孙闬乃使人操十金而往卜于市，曰：『我田忌之人也，吾三战而三胜，声威天下，欲为大事[3]，亦吉否？』卜者出，因令人捕为人卜者，亦验[4]其辞于王前。田忌遂走[5]。

注释

①相说：说，通『悦』，意为两人感情不合。②曲挠而诛：曲挠，绕着弯。意思是以田忌辗转不前的罪名而处死他，以曲挠之罪将其诛杀。③大事：代指反叛齐王一类的事情。④验：验证。⑤走：逃走。

译文

成侯邹忌是齐国的相国，田忌是齐国的大将军，但是两人感情不合，经常互相猜忌。公孙闬向邹忌献计说：『您何不为大王谋划，让大王命令田忌去率兵伐魏。如果田忌打了胜仗，那说明是您策划得好，您大可以以功臣自居；一旦战败的话，即便田忌没有死在战场上，回国以后也必将枉死于军法之下。』邹忌认为他说得很有道理，于是便劝说齐威王派遣田忌前去讨伐魏国。然而田忌三战全都获胜了，邹忌便将此消息告知公孙闬以商量对策。公孙闬便派人大摇大摆地拿着十斤黄金到集市上去找人占卜，而且自我声称：『我是田忌将军的下属，现在将军三战三胜，名震于天下，如果想要图谋大事，麻烦你为其占卜一下，看一看吉凶如何？』卜卦的人刚离开，公孙闬便派人将卖卜的人逮捕，而且在齐王面前验证那番话。田忌知道这件事以后大为惊恐，于是就逃走避祸了。

田忌为齐将

原文

田忌为齐将，系梁太子申，禽庞涓[①]。孙子[②]谓田忌曰：『将军可以为大事乎？』田忌曰：『奈何？』孙子曰：『将军无[③]解兵而入齐。使彼罢弊于先弱守于主[④]。主者，循轶之途也，辖击摩车而相过。使彼罢弊先弱守于主，必一而当十，十而当百，百而当千。然后背太山，左济，右天唐[⑤]，军重踵高宛[⑥]，使轻车锐骑冲雍门[⑦]。若是则齐君可正，而成侯可走。不然，则将军不得入于齐矣。』田忌不听，果不入齐。

注释

①庞涓：魏国的将领。②孙子：即孙膑，善于运用战术和计谋。③无：通『毋』，指不要。④主：地

名。⑤天唐：齐地名，位于今山东禹城一带。⑥高宛：齐地名，位于今山东高宛东北方向。⑦雍门：齐国都城临淄的西城门。

译文

田忌身为齐国的将军，在和魏军的交战中擒获了魏国的太子申和魏国的将领庞涓，大臣孙膑对将军田忌说：『将军您是否可以成就一番大事呢？』田忌问：『什么意思？』孙膑回答说：『将军您不要解散了军队，回到齐国，您让我们那些疲弊老弱的兵士驻守主地。主地，道路狭窄的只有沿着车辙的痕迹才能通行，两车一起的话就会碰撞摩擦。倘使您让这些疲惫老弱的兵士在主地驻守的话，必定能够一个当十个，十个当百个，百个当千个。在此之后将军您就率兵背靠太山，涉过左边的济水，穿越右边的天唐，把辎重直接运送到高宛，最后让轻便的车，动作迅速的骠骑冲到齐国国都临淄城的雍门。如果这样的话齐王就会听从于您，成侯邹忌也必定会逃走。不这样的话，将军您就无法回到齐国了。』田忌没有听取孙膑的建议，果然没能返回齐国。

田忌亡齐而之楚

原文

田忌亡齐而之楚，邹忌代之相齐，恐田忌欲以[1]楚权复于齐。杜赫曰：『臣请为留楚。』谓楚王曰：『邹忌所以不善[2]楚者，恐田忌之以楚权复于齐也。王不如封田忌于江南，以示[3]田忌之不返齐也，邹忌以齐厚事楚。田忌亡人[4]也，而得封，必德[5]王；若复于齐，必以齐事楚。此用二忌之道[6]也。』楚果封之于江南。

注释 ①以：凭借。②不善：不友好。③示：表明。④亡人：流亡在外的人。⑤德：感激。⑥用二忌之道：利用邹忌和田忌二人的矛盾。

译文

齐将田忌从齐国逃出前去楚国，邹忌代替田忌担任齐国的相国。邹忌一直担心田忌会凭借楚国的势力再度返回齐国。杜赫便对邹忌说：『请允许我为您将田忌长久地留在楚国。』杜赫便对楚王说道：『邹忌之所以和楚国的关系不好，是因为他担心田忌有朝一日将会凭借楚国的势力再次返回到齐国。大王不如将楚国的江南之地封赏给田忌，以表明田忌没有返回齐国的打算。那样的话，邹忌必定会对楚国非常友好；田忌则是一个逃亡在外的人，如果他得到了封地，也必定将非常感激大王，如果将来他真的可以返回到齐国，也必定会让齐国和楚国的关系变得友好。这正是利用田忌、邹忌二人的矛盾而有对楚国有利的方法呀。』楚王听了杜赫的话以后，果然就将江南的封赐给了田忌。

邹忌事宣王

原文

邹忌事宣王，仕人①众，宣王不悦。晏首贵而仕人寡，王悦之。邹忌谓宣王曰：『忌闻以为有一子之孝，不如有五子之孝。今首之所进仕者以几何人？』宣王因以②晏首壅塞之③。

注释

①仕人：推荐人去做官。②以：认为。③壅塞之：堵塞了举荐贤能的道路。

译文

邹忌是齐宣王的大臣，他推荐了很多人去做官，宣王为此很不高兴。晏首是齐国的贵族，他推荐做官的人却不多，宣王为此很高兴。邹忌便对宣王说道：『我听说过这么一件事：「家里有一个孝子，不如有五个孝子。」而今晏首推荐的贤人一共才有几个呢？』听了这番话后，宣王因而便认为是晏首堵塞推荐贤能的道路。

邹忌修八尺有余

原文

邹忌修[1]八尺有余，身体昳丽。朝[2]服衣冠窥镜，谓[3]其妻曰：『我孰与[4]城北徐公美？』其妻曰：『君美甚，徐公何能及公也！』城北徐公，齐国之美丽者也。忌不自信，而复问其妾曰：『吾孰与徐公美？』妾曰：『徐公何能及君也！』旦日，客从外来，与坐谈，问之客曰：『吾与徐公孰美？』客曰：『徐公不若君之美也。』

注释

①修：长，此处指身高。②朝：早上。③谓：对。④孰与：表示比较，哪一个更美。

译文

邹忌身高八尺有余，容光焕发。早晨，他穿戴完毕对着镜子端详自己，对他的妻子说：『我和城北徐公相比，谁漂亮？』他的妻子说：『你漂亮极了，徐公哪里比得上你！』城北徐公，是齐国有名的美男子。邹忌不信自己比徐公还漂亮，又问他的小老婆说：『我与徐公比，谁漂亮？』小老婆说：『徐公哪能比得上您呢！』白天，从外边来了一个客人，邹忌同他交谈，又问他说：『我和徐公比谁漂亮？』客人回答说：『徐公比不上您漂亮。』

原文

明日①，徐公来。孰②视之，自以为不如；窥镜而自视，又弗如远甚③。暮，寝而思之曰：『吾妻之美我者，私④我也；妾之美我者，畏我也；客之美我者，欲有求于我也。』

注释

①明日：第二天。②孰：通『熟』，仔细地。③又弗如远甚：又觉得比徐公差远了。弗，不；甚，十分。

④私：偏爱。

译文

第二天，徐公来了，邹忌仔细端详他，自以为比不上徐公漂亮；又对着镜子端详自己，更觉得比徐公差远了。晚上睡觉时考虑这件事，醒悟道：『我的妻子认为我漂亮，是因为她偏爱我；小老婆说我漂亮，是因为她害怕我；客人夸我漂亮，是因为他有求于我啊！』

原文

于是入朝见威王曰：『臣诚[①]知不如徐公美，臣之妻私臣，臣之妾畏臣，臣之客欲有求于臣，皆以美于徐公。今齐地方[②]千里，百二十城，宫妇左右[③]，莫不私王；朝廷之臣，莫不畏王；四境之内，莫不有求于王。由此观之，王之蔽[④]甚矣！』王曰：『善。』

①诚：实在，的确。②地方：土地方圆。③左右：指亲近之臣。④蔽：被蒙蔽。

译文

于是，邹忌就上朝去见齐王，说：『我确实知道自己不如徐公漂亮，可是我的妻子偏爱我，我的小老婆害怕我，我的客人有求于我，因此都说我比徐公漂亮。现在齐国土地纵横千里，有一百二十座城邑，宫中的后妃和侍臣，没有一个不偏爱大王；朝廷里的臣下，没有一个不害怕大王；全国的百姓，没有一个不想求助于大王。由此看来，大王所受的蒙蔽实在太厉害了！』齐王说：『你说得对！』

原文

乃下令：『群臣吏民，能面刺[①]寡人之过者，受上赏；上书谏寡人者，受中赏；能谤议[②]于市朝，闻寡人之耳者，受下赏。』令初下，群臣进谏，门庭若市。数月之后，时时而间进。期年[③]之后，虽[④]欲言，无可进者。燕、赵、韩、魏闻之，皆朝于齐。此所谓战胜于朝廷。

注释

①面刺：当面指责。②谤议：指责，批评。③期年：满一年。④虽：即使。

译文

于是下了一道命令：『无论是朝廷大臣、地方官吏和全国百姓，能当面指责我的过错的，给予上等奖赏；能上奏章直言规劝我的，给予中等奖赏；能在公共场合批评我，又能传到我耳朵里的，给予下等奖赏。』命令刚公布的时候，群臣纷纷进言规劝，宫廷门前就像集市一样热闹。几个月以后，还断断续续地有人来进言规劝。一年以后，即使想要进言规劝，也没有什么可说的了。燕、赵、韩、魏等国听说了这件事，都来朝见齐王。这就是人们所说的『修明政治，在朝廷上就能战胜外部敌人』。

秦假道韩魏以攻齐

原文

秦假道韩、魏以攻齐，齐威王①使章子将②而应之。与秦交和③而舍，使者数相往来。章子为变其徽章，以杂秦军。候者④言章子以齐入秦，威王不应。顷之间，候者复言章子以齐兵降秦，威王不应。而此者三。有司请曰：『言章子之败者，异人而同辞，王何不发将而击之？』王曰：『此不叛寡人明矣，曷为击之！』

注释

①齐威王：一说应该是齐宣王。②将：指统帅。③交和：双方军队对峙。④候者：侦察人员。

译文

秦军向韩国和魏国借道去攻打齐国，齐威王就派大臣章子领兵出迎秦军。齐军和秦军两军对峙，

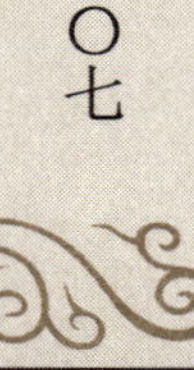

旌贤去奸

齐威王即位之初，不理国事，但一直暗中观察。朝中大臣都赞誉即墨大夫，毁谤阿大夫。但威王发现，即墨大夫贪渎成性，用搜刮来的钱财贿赂朝臣，求得赞誉。阿大夫勤于政事，百姓称道，但却得罪朝臣，因此受到朝臣毁谤。威王处死了即墨大夫，表彰了阿大夫。从此，齐国大治。

双方使节屡次相互出使来往。匡章就改变了齐军的军旗服装，冒充混杂到秦军里。齐王的侦察人员向齐王报告说：『匡章带领齐军向秦军投降了。』齐威王没有什么回应。过了一会儿，侦察人员又向齐王报告说：『匡章带领齐军向秦军投降了。』齐威王依然没有什么回应。事情就这样一连反复了好几次。有个军吏向齐王请示道：『不同的探兵都一致地声称匡章战败投敌，大王您为什么不派遣军队去征讨他呢？』威王回答说：『很明显这个人不会背叛我，为什么要派兵去征讨他呢？』

原文

顷间，言齐兵大胜，秦军大败，于是，秦王拜西藩之臣而谢于齐①。左右②曰：『何以知之？』曰：『章左之母启，得罪其父，其父杀之而埋马栈之下。吾使者章子将也，勉之曰：「夫子之强，全兵而还，必更葬将军之母。」对曰：「臣非不能更葬先妾③也。臣之母启得罪臣之父。臣之父未教而死。夫不得父之教而更葬母，是欺死父也。故不敢。」夫为人子而不欺死父，岂为人臣欺生君哉？』

注释

①秦王拜西藩之臣而谢于齐：秦王称自己为『西藩之臣』，朝拜齐王并其向谢罪。②左右：指近臣。③先妾：指其母亲，是对先父的妻子的谦称。

译文

不久之后，有人传报说：『齐军大获全胜，秦军遭受很大战败。』于是，秦王就作为『西藩之臣』朝拜齐王并向齐王谢罪。近臣们都问齐王：『大王您怎么会知道章子没有战败投敌呢？』齐王说：『章子的母亲启，对章子的父亲犯下了罪，章子的父亲就杀了他母亲，并把他母亲埋在了马栈之下。我任用章子为将出兵迎击秦军，勉励他说：「倘若你能作战得胜，率领全部的军队返还到齐国，我必定会把您的母亲迁土重葬。」匡章说：「我并非不能替我母亲迁土重葬。只是因为我的母亲启对我的父亲犯下了罪过。我父亲没有教导我为母亲迁土重葬就死了。我未能得到父亲的准许，把母亲迁土重葬了，这实际就是欺骗死去的父亲。因此我不敢为母亲迁葬。」作为儿子他不会欺骗去世的父亲，作为臣子又怎么会欺骗尚且还活着的君王呢？』

秦伐魏

原文

秦伐魏，陈轸合三晋[①]，而东谓齐王曰：『古之王者之伐也，欲以正[②]天下而立功名，以为[③]后世也。今齐、楚、燕、赵、韩、梁六国之递[④]甚也，不足以立功名，适足[⑤]以强秦而自弱也，非山东[⑥]之上计也。

能危山东者，强秦也。不忧强秦，而递相罢弱[7]，而两归其国于秦[8]，此臣之所以为山东之患。天下为秦相割[9]，秦曾[10]不出力；天下为秦相烹，秦曾不出薪。何秦之智而山东之愚耶？愿大王之察[11]也。

注释

①三晋：指韩、赵、魏三国。②正：匡正。③以为：用来有利于。④递：相互攻伐。⑤适足：正好。⑥山东：指崤山之东的六国。⑦罢弱：罢，通“疲”，疲惫衰弱。⑧两归其国于秦：两国都将被秦国收服。⑨相割：相互攻打煎熬。⑩曾：竟然。⑪察：体察、深思熟虑。

译文

秦国攻打魏国的时候，陈轸与赵、魏、韩三国联合起来组成了统一阵线，然后又前往齐国，对齐王说：“古代圣王之所以会出兵讨伐，目的是为了匡正天下，建立功业，有利于后世。而今齐、楚、燕、赵、魏、韩六国互相讨伐，战争十分激烈，但这是无法建立功业、流传美名的，反倒正好能够增强秦国的国力，从而削弱自己的国力，决非是六国的上策。真正能将六国颠覆的，只有那个强大的秦国。六国不担心强大的秦国，却彼此攻打，互相削弱国力，以致于最终两败俱伤，让秦国趁机坐收渔翁之利，这是我为山东六国所深感忧虑的呀。诸侯之间为了秦国而互相残杀，然而秦国竟然不曾拿出过一把刀子来；诸侯为了秦国而互相煎熬，可是秦国竟然不曾拿出过一把柴禾来。为何秦国就如此聪明，而山东六国就如此愚蠢呢？我希望大王您对此事深思熟虑一下。

原文

“古之五帝、三王、五伯之伐也，伐不道[1]者。今秦之伐天下不然，必欲反[2]之，主必死辱[3]，民

必死虏[4]。今韩、梁之目未尝干，而齐民独不也？非齐亲而韩、梁疏也，齐远秦而韩、梁近。今齐将近矣！今秦欲攻梁绛、安邑，秦得绛、安邑，以东下河，必表[5]里河，而东攻齐，举齐属之海。南面而孤楚、韩、梁，北向而孤燕、赵，齐无所出其计矣。愿王孰虑之！

注释

①不道：昏庸无道。②反：反叛。③死辱：受辱而死。④死虏：被虏获而死。⑤表：以之为表。

译文

『古代的五帝、三王、五霸，他们出兵讨伐的时候，都是为了讨伐那些昏庸无道的君王。如今秦国出兵讨伐诸侯，却不是这种情形，它一定是属于倒行逆施，有违于古道的。诸侯们将会受辱而死，百姓们也必然会被俘获而亡。韩、魏两国的民众屡屡遭受兵祸，人们为战死的战士深感哀痛，为此而流的眼泪从未干过，难道独独齐国不会步韩、魏的后尘吗？并不是由于秦国和齐国关系密切，和韩、魏关系疏远，它才去攻打韩、魏两国而不攻打齐国的，而是因为秦国距离齐国路途遥远，而距离韩、魏距离很近。如今齐国和秦国的距离就要被拉近了！秦国想要攻打魏国的绛、安邑，他攻占了绛、安邑两地之后，将会往东直指黄河，以东河为表，以西河为里，占领东河和西河之间的广阔之地，将之作为后方，接着向东进攻，前去攻打齐国，齐国被兼并以后，秦国的领土便能够一直延伸到东海边上了。这样一来，在南边，秦国将让楚、韩、魏孤立起来，在北边，秦国将让燕、赵孤立起来，如果南、北无法呼应的话，齐国到时候就会无可奈何、一筹莫展了。我希望大王您能深思熟虑这件事！

原文

『今三晋已合矣，复①为兄弟约，而出锐师②以戍梁绛、安邑，此万世之计也。齐非急③以锐师合三晋，必有后忧。三晋合，秦必不敢攻梁，必南攻楚。齐、秦构难④，三晋怒齐不与己也，必东攻齐。此臣之所谓齐必有大忧。不如急以兵合于三晋。』齐王：『敬诺。』果以兵合于三晋。

注释

①复：恢复。②锐师：精锐的部队。③急：迅速、立刻。④构难：交战，发生战争。

译文

『现在赵、魏、韩三国已经组成了联合阵线，恢复了兄弟般的友好关系，派出了精锐部队驻扎戍守在绛、安邑，这是有益于千秋万世的长远大计呀。如果齐国不马上派出精锐部队和三国联合的话，必定会导致后患。如果赵、魏、韩三国联合起来的话，秦国必将不敢前去攻打魏国，而必定会南下攻打楚国。楚、秦交战之后，赵、魏、韩也会因怨恨齐国之前不合他们联合，必将也会进攻齐国。这就是我所声称的齐国必有后患呀。您不如立刻派兵和赵、魏、韩三国联合起来。』齐王说：『恭敬地听从您的指教。』于是便果真派兵前去和赵、魏、韩三国联合。

苏秦为赵合从说齐宣王

原文

苏秦为赵合从①，说齐宣王曰：『齐南有太山②，东有琅邪，西有清河，北有渤海，此所谓四塞之国也。齐地方二千里，带甲数十万，粟如丘山。齐车之良，五家之兵，疾如锥矢，战如雷电，解如风雨。即有军役，未尝倍太山，绝清河，涉渤海也。临淄之中七万户，臣窃度③之，下户三男子，三七二十一万，不待发于远县，而临淄之卒，固以二十一万矣。临淄甚富而实，其民无不吹竽、鼓瑟、击筑、弹琴，斗鸡、走犬、六博④、蹴踘⑤者；临淄之途，车毂击，人肩摩，连衽成帷，举袂成幕，挥汗成雨；家敦而富，志高而扬。夫以大王之贤与齐之强，天下不能当。今乃西面事秦，窃为大王羞之。

注释

①合从：即合纵。从，通『纵』。②太山：即泰山。③度：猜度。④六博：一种利用六个棋子赌博的方式。⑤蹴踘：即蹵鞠，类似于现在的踢皮球，是从练兵演变而出的一种游戏。

译文

苏秦替赵国建立合纵盟约之事游说齐宣王说：『齐国，在南面有泰山，在东面有琅邪山，在西面有清河，在北面又有渤海，这就是所说的四面都有要塞的国家。齐国土地方圆两千里，拥有战甲的兵士达几十万人，粮食堆积得就像山丘一样。齐国的战车十分精良，拥有五个国家军队的帮助，行军作战就像飞驰的箭一样迅速，作战就像雷电一样富有气势，结束战争如同风雨一样迅速停止。即使有战事，也没有哪个国家可以翻越泰山，涉过清河，跨越渤海。都城临淄城内就有多达七万户百姓，我暗地里估算，每户人家不少于三个壮丁，三七就是二十一万，不用从远方调集过来的兵力，仅临淄城的兵士就能达到二十一万人。而且临淄人民生活十分富庶殷实，没有哪个百姓不会吹竽、鼓瑟、击筑、弹琴、斗鸡、赛狗、赌博、踢球的；临淄城的道路上车子多的车轴相互撞击，人多的

摩肩接踵，把人们的衣襟连起来的话都可以当帷帐，把衣服袖子举起来的话就能当幔幕，每人擦一下汗的话就可以像下雨一样。人们生活都富裕殷实，志气昂扬。以大王您的贤明，齐国又这么的富强，天下诸侯没有哪个可以和您对抗。可是现在齐王您竟然臣奉西面的秦国，我暗地里为大王您感到羞耻。

原文

『且夫韩、魏之所以畏秦者，以与秦接界也。兵出而相当，不至十日，而战胜存亡之机决矣。韩、魏战而胜秦，则兵半折①，四境不守；战而不胜，以亡随其后。是故韩、魏之所以重与秦战而轻为之臣也。

注释

①兵半折：指军队损失一半。

译文

『并且韩国和魏国害怕秦国，是因为和秦国交界。假设与秦国交战对抗的话，不出十天，是战败还是战胜，是生存还是灭亡就能决定了。如果韩国和魏国与秦作战并战胜的话，韩、魏两国的军队也必然会折损一半，四面的边境也将不能防守；如果韩、魏与秦交战战败的话，随之而来的就是灭亡。因此韩、魏两国才不会与秦国作战，宁愿使自己国家被轻视臣奉于秦国。

原文

『今秦攻齐则不然，倍韩、魏之地，至闱①阳晋之道，径亢父之险，车不得方轨②，马不得并行，百人守险，千人不能过也。秦虽欲深入，则狼顾③，恐韩、魏之议④其后也。是故恫疑虚喝⑤，高跃而不敢进，则秦不能害齐，亦已明矣。夫不深料秦之不奈我何也，而欲西面事秦是群臣之计过也。今无臣事秦之名，而有强国之实，臣固愿大王少留计。』

齐王曰：『寡人不敏，今主君以赵王之教诏之，敬奉社稷以从。』

注释

①闱：即卫，地名，地势险要。②方轨：在此指并排而行。轨，两辆车轮子之间的距离。③狼顾：狼有回头向后看的习惯，以防背后遭到偷袭。④议：计谋。⑤恫疑虚喝：疑虑恐惧，虚张声势地吓唬人。

译文

『假若如今秦发兵攻打齐国的话，情况就不是这个样子，背后是韩国和魏国的土地，卫地和阳晋是必须要经过的道路，要通过险要的亢父之地，那里车马无法并列前进，一百个人来守护天险的话，一千个人都不能通过。虽然秦国想要深入齐地，但是必须像狼一样顾及到后方，害怕韩国和魏国阴谋从后面袭击。因此秦兵只能虚张声势地恐吓齐国，跳得很高可事实上却不敢贸然进攻，由此可见，秦国无法对齐国构成祸害，这是很显然的。不仔细的考虑一下秦国不能把齐国怎么样，而想要盲目的臣事西面的秦国，这是大臣们的计谋错了。如今齐国还没有臣事秦国的名分，并且拥有强大的国家的实力，因此我希望大王您能稍微加以思量！』

齐王回答说：『我很不聪慧，如今承蒙先生奉赵王之命教诲我，我愿意使整个齐国都听命于您。』

张仪为秦连横齐王

原文

张仪为秦连横齐王曰：『天下强国无过[1]齐者，大臣父兄殷众富乐，无过齐者。然而为大王计者，皆为一时说而不顾[2]万世之利。从人[3]说大王者，必谓齐西有强赵，南有韩、魏，负海之国也，地广人众，兵强士勇，虽有百秦，将无奈我何！大王览其说，而不察其至实。

注释

①过：超过。②顾：指考虑，想到。③从人：想要合纵的人。从，通『纵』，合纵。

译文

张仪为秦国的连横政策而去游说齐宣王说：『天下的强国没有超过齐国的，朝野上下的大臣及家族都富足安乐，这一点也没有哪个国家能比得上齐国。可惜为大王出谋划策的人，都是为一时的近利而空谈理论，并不能为万世的长治久安作打算。那些主张合纵的人，必然向大王说：「齐国西面有强赵，南面有韩、魏，东面濒临大海，土地广阔，人民众多，兵强马壮，即使有一百个秦国，也对齐国无可奈何。」大王只接受了他们的游说，却没有考虑到这些话是否实在。

原文

『夫从人朋党[1]比周，莫不以从为可。臣闻之，齐与鲁三战而鲁三胜，国以危，亡随其后，虽有胜名而有亡之实，是何故也？齐大而鲁小。

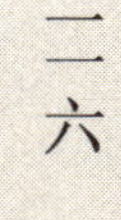

注释

①朋党：结党。

译文

“主张合纵的人，都互相结党，认为合纵政策很好。据臣所知：齐和鲁交战三次，每次都是鲁国胜利，可是鲁国却因胜而衰，最后竟因此而亡国。只徒有虚名，实际上却陷于危亡的命运，这是什么道理呢？因为齐国大而鲁国小。

原文

“今赵之与秦也，犹齐之于鲁也。秦、赵战于河漳[1]之上，再[2]战而再胜秦；战于番吾[3]之下，再战而再胜秦。四战之后，赵亡卒数十万，邯郸仅存。虽有胜秦之名，而国破矣！是何故也？秦强而赵弱也。

注释

①河漳：黄河和漳河。②再：即两次。③番吾：赵国地名，位于今河南平山县附近。

译文

“现在赵国和秦国相比，就如同齐国和鲁国一样。秦、赵战于黄河和漳河之滨，赵国两次交战两次战胜秦军，在赵邑番吾山下作战，又是两次都打败了秦军。但是四次战争以后，赵国损失几十万大军，仅仅只剩下一个首都邯郸。这就是虽然有战胜秦国的虚名，可是赵国却因此而削弱，这是什么缘故呢？还是因为秦国强大而赵国弱小啊。

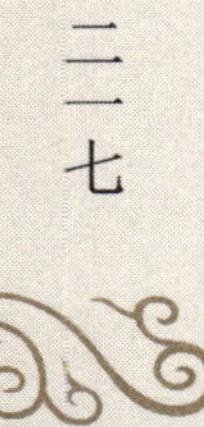

原文

『今秦、楚嫁子取妇，为昆弟①之国；韩献宜阳，魏效河外，赵入朝渑池，割河间以事秦。大王不事秦，秦驱韩、魏攻齐之南地，悉赵涉河关，指博关，临淄、即墨②非王之有也。国一日被攻，虽欲事秦，不可得也。是故愿大王熟③计之。』

注释

①昆弟：即兄弟，指像兄弟一样亲近。②临淄、即墨：齐国地名，分别位于今山东博平县、平度县一带。③熟：仔细。

译文

『如今秦、楚互通婚姻，两国约为兄弟之邦。韩国献宜阳给秦国，魏国献河外给秦国，而赵国更到秦邑渑池给秦王朝贡，并且割让河间地方给秦，他们纷纷成为秦的附庸国。假如大王不臣事秦国，秦国就会驱使韩、魏攻打齐国的南部，然后还将全部征调赵国之兵渡过河关，长驱直入向博关进攻，这样临淄和即墨就不是大王所有了。假如齐国忽然有一天被攻破，那时即使再想臣事秦国已来不及了，因此希望大王慎重考虑！』

原文

齐王曰：『齐僻邻隐居，托①于东海之上，未尝闻社稷之长利。今大客②幸而教之，请奉社稷以事秦。』献鱼盐之地三百里于秦也。

注释

①托：寄托，寄居。②大客：高贵的客人，暗指张仪。

译文

齐宣王说：『齐国地方偏僻鄙陋，而且东临大海，还没听说过社稷的长远计划，所幸现在有贵客前来指教，寡人愿意以国家社稷来侍奉秦国。』于是齐国献给秦国出产鱼盐的土地三百里。

张仪事秦惠王

原文

张仪事秦惠王。惠王死，武王立。左右恶[1]张仪，曰：『仪事先生不忠。』言未已，齐让[2]又至。张仪闻之，谓武王曰：『仪有愚计愿效之王。』王曰：『奈何？』曰：『为社稷计者，东方[3]有大变，然后王可以多割地。今齐王甚憎张仪，仪之所在，必具兵而伐之。故仪愿乞不肖身而之梁，齐必举兵而伐之。齐、梁之兵连于城下，不能相去[4]，王以其间伐韩，入三川，出兵函谷，而无伐以临周，祭器[5]必出，挟天子，案图籍，此王业也。』王曰：『善。』乃具革车三十乘，纳[6]之梁。

注释

①恶：厌恶，这里是毁谤。②让：责备，这里是齐国派遣使者责备秦国任用张仪。③东方：指山东六国。④不能相去：意思是打得不可开交。⑤祭器：君王祭祀时所摆设的各种文物、彝器、轩车，古代祭祀的礼节很严格，不同职位的人祭祀时所使用的祭器规格不相同，以周天子所用祭器的规格最高。⑥纳：纳之于梁，意思是将张仪送到梁国。

译文

张仪侍奉秦惠王，惠王死了以后，秦武王即位。武王左右的近臣很厌恶张仪，乘机毁谤他，指责他说：『张仪过去对惠王不忠。』这件事还没有平息，齐王便又派使者前来责备武王不应该重用张仪。张仪听到这些事以后，便对武王说：『臣下有一条不太高明的计策，希望可以为大王所采用。』

武王问道：『有什么计策呢？』张仪说道：『从国家社稷利害的角度考虑的话，最好的计策就是让山东诸国发生战乱，然后大王趁机攻城掠地，索割疆土。现在齐王对臣十分憎恨，不管臣走到哪儿，他必定都将发兵前来攻打。因此臣愿意将我这具不肖之身为国捐弃，我将前往魏国的大梁，这样齐国必定会出兵去攻打魏国。当齐、魏两国的兵马在大梁城下打得不可开交之时，大王便可趁机入侵韩国的三川之地，以便于秦兵东出函谷时可以畅通无阻，不必大动干戈便可以直逼两周边境，索取到天子的祭器，然后挟持天子，掌握着天下的地图和策表，这可是称雄万世的帝王大业啊！』武王说：『这个计策很好。』于是就派出了三十辆兵车，将张仪送到了魏国的都城大梁。

原文

齐果举兵伐之。梁王大恐。张仪曰：『王勿患，请[①]令罢齐兵。』乃使其舍人冯喜之楚，藉[②]使[③]之齐。齐、楚之事已毕，因谓齐王：『王甚憎张仪，虽然[④]，厚矣王之托仪[⑤]于秦王也！』齐王曰：『寡人甚憎仪，仪之所在，必举兵伐之，何以「托仪」也？』对曰：『是乃王之「托仪」也。仪之出秦因与秦王约曰：「为王计者，东方有大变，然后王可以多割地。齐王甚憎仪，仪之所在，必举兵代之。故仪愿乞不肖身而之梁，齐必举兵伐梁。梁、齐之兵连于城下，不能去，王以其间伐韩，入三川，出兵函谷，而无伐[⑥]以临周，祭器必出，挟天子，案图籍，是王业也。」秦王以为然，与革车三十乘，而纳仪于梁。而果伐之，是王内自罢而伐与国，广邻敌以自临，而信[⑦]仪于秦王也。此臣之所谓「托仪」也。』王曰：『善。』乃止。

注释

①请：请允许我。②藉：通"借"，借机。③使：使者。④虽然：虽然这样。⑤托仪：抬举张仪。⑥无伐：无需出兵攻伐。⑦信：使之信。

译文

齐王果然发兵攻打。魏王大为惊恐。张仪便对魏王说："大王您不要担忧，请允许我齐国退兵。"于是张仪便将其舍人冯喜派往楚国。冯喜便凭借楚国使者的名义前往到齐国。冯喜到了齐国以后，将齐、楚之间的事务处理完毕，然后趁机对齐王说："我听说大王一向十分憎恨张仪，虽然是这样，让我奇怪的是，大王在秦王面前可是非常的抬举张仪呀！"齐王诧异地问道："寡人对张仪恨之入骨，张仪走到哪里，寡人必定发兵攻打到哪里，先生如何说寡人是非常抬举张仪呢？"冯喜说："这恰恰正是大王抬举张仪的地方呀。张仪离开秦国的时候，曾和武王密谋计议说：'为大王的社稷江山谋划的话，最好的计策就是让东方大起战乱，秦国便能够乘机扩张索割土地。齐王对臣恨之入骨，不管臣到了那里，必将不惜一切代价前去兴兵讨伐。臣愿意以自己这具不肖之身作为诱饵，前往魏国的大梁，从而让齐王去兴兵攻魏。当齐、魏两国在大梁城下打得不可开交的时候，大王就可以乘势攻韩国的三川之地，从函谷关出兵，无需大动干戈就可以直逼两周，收取周天子的祭器，而后挟持着周天子，掌握天下的地图和策书，建立起自己的扬名万世的帝王基业。'秦王觉得这个计策很好，便依计行事，派了三十辆兵车，将张仪送到了魏国的大梁。如今大王果然就中了张仪的诡计，为了区区一个张仪就兴兵伐魏，这一举动，对内而言将会使民众疲弊不堪，对外而言则会导致和盟国交恶，而且在邻邦广树仇敌，从而让使自己陷入不利的困境，更重要的是，这样就能使张仪更为秦王所宠信。这便是臣下所说的「大王十分抬举张仪」。』齐王听了以后说：『有道理。』于是就停止了对魏国的进攻。

犀首以梁为齐战于承匡而不胜

原文

犀首以梁为齐战于承匡而不胜。张仪谓梁王不用臣言以危国。梁王因相[①]仪，仪以秦、梁之齐合横秦。犀首欲败[②]，谓卫君曰：『衍非有怨于仪也，值所以为国者不同耳。君必解[③]衍。』卫君为告仪[④]，仪许诺，因与之参坐于卫君之前。犀首跪行，为仪千秋之祝。明日张子行，犀首送之至于齐墙。齐王闻之，怒于仪曰：『衍也吾雠[⑤]，而仪与之俱，是必与衍鬻吾国矣。』遂不听。

注释

①相：以之为相。②败：破坏。③解：为之解释。④为告仪：为之告仪。⑤雠：即仇，仇敌。

译文

犀首公孙衍率领魏军和齐军在承匡大战，犀首在战争中未能取胜。张仪此时在魏国，他告诉魏王说，是因为魏王没有听从他的建议才导致国家处境危险的。魏王因此便任命张仪担任丞相。张仪想让秦、魏两国和齐国联合起来组成连横阵线。犀首想从中破坏张仪的连横阵线，便对卫君说：『我本人和张仪是没有什么怨仇的，只是我们在治理国家的方法上有所不同而已。您一定要在张仪面前替我把情况解释清楚。』卫君就将犀首的这番话告诉给了张仪，张仪也答应不和犀首有间隙，因此便和犀首一起坐在卫君之前。犀首便非常恭敬地为张仪行跪拜之礼为其祝福。第二天，张仪将要动身到齐国去，犀首专门为张仪送行，一直将张仪送到了齐国的边界上。齐王听到这些事情后，对张仪很是生气，说道：『犀首公孙衍是我的仇人，然而张仪却和他站在一条线上，这必定是他想要与公孙衍勾结起来去出卖我的国家呀。』于是，便不再听信张仪的游说（建立连横阵线）。

昭阳为楚伐魏

原文

昭阳①为楚伐魏，覆军杀将，得八城，移兵而攻齐。陈轸为齐王使，见昭阳，再拜贺战胜，起而问：『楚之法，覆军杀将，其官爵何也？』昭阳曰：『官为上柱国②，爵为上执珪③。』陈轸曰：『异贵于此者何也？』曰：『唯令尹耳。』

注释

①昭阳：楚国的将军。②上柱国：官职名，一种非常高的官职。③上执珪：楚国爵位名，爵位很高。珪，大臣们上朝时手中拿着的长条形状的玉器。

译文

楚将昭阳统帅楚国的军队讨伐魏国，打破魏军并绞杀了魏国的将领，得到了八座城池，又调兵转而进攻齐国。陈轸作为齐国的使者，面见楚将昭阳，再次拜过之后就向昭阳祝贺胜利，接着站起

汉素卮

卮是先秦两汉时期常用的饮酒器皿。圆形，容量四升。

来问道：『楚国的法制，灭敌军杀敌将，官爵将会是什么？』昭阳答道：『官职应为上柱国，爵位应为上执珪』。陈轸又问：『还有什么能比这个更为显贵的？』昭阳说：『那就只能是令尹了。』

原文

陈轸曰：『令尹贵矣，王非置两令尹[1]也。臣窃为公譬可也？楚有祠者，赐其舍人卮酒。舍人相谓曰：「数人饮之不足，一人饮之有余。请画地为蛇，先成者饮酒。」一人蛇先成，引酒且饮之，乃左手持卮，右手画蛇，曰：「吾能为之足。」未成，人之蛇成，夺其卮曰：「蛇固无足，子安能为之足？」遂饮其酒。为蛇足者，终亡其酒。今君相楚而攻魏，破军杀将得八城，不弱兵，欲攻齐。齐畏公甚，公以是[2]为名居足矣。官之上非可重也。战无不胜，而不知止者，身且死，爵且后归，犹为蛇足也。』昭阳以为然，解军而去。

注释

①令尹：楚国最为尊贵的爵位。②以是：凭借这些。

译文

陈轸就说：『令尹是很尊贵，可是楚王不能设置两个令尹啊！我可以私自替将军您打个比方吗？楚国有个人去祭祀祖先，赐给他的舍人们一杯酒。这些舍人们商议道：「这酒，几个人都喝的话不够，一个人喝的话就绰绰有余，我们比赛在地上画蛇吧，先画好的人把这杯酒喝了。」有个人先画好了蛇，拿过来酒杯将要喝酒，于是左手拿着杯子，右手却又画起来蛇了，说道：「我能给蛇画上脚。」可惜蛇足还没有画完，别人的蛇也画完了，就夺去了他手中的酒杯，说：「蛇原本是没有脚的，你又怎么硬要给它画上脚呢？」于是就喝了酒。替蛇添加脚的人最终却丧失了他的酒。现在将军您辅助楚王讨伐魏国，灭敌军杀敌将，攻取了八座城池，兵力还没有削弱，又想要攻打齐国。齐国十分害怕您，您凭借这些立身扬名已经足够了，官位上没有办法再提高了。战无不胜，但是却不知道要适可而止的人，就快要死了，爵位也将会归其他的人所有，这就好比是画蛇添足啊！』昭阳认为是这样，于是就撤兵走了。

秦攻赵

原文

秦攻赵，赵令楼缓[①]以五城求讲[②]于秦，而与之伐齐。齐王恐，因使人以十城求讲于秦。楼子恐，因以上党二十四县许秦王。

赵足之齐，谓齐王曰：『王欲秦、赵之解[③]乎？不如从合于赵，赵必倍[④]秦，倍秦，则齐无患矣。』

注释

①楼缓：赵国的臣子。②讲：讲和。③解：解除。④倍：通『背』，背叛，背弃。

译文

秦军攻打赵军，赵王派遣大臣楼缓用五个城池作为条件，与秦国讲和，希望秦国与其联手讨伐齐国。齐王很害怕，于是就派人用十座城池作为条件，请求和秦国讲和。楼缓畏惧了，于是就把上党二十四个县许诺给秦王。

赵国人赵足就到齐国对齐王说：『齐王您想让秦国和赵国解除联盟关系吗？大王您不如和赵国结盟。如此一来，赵国必然会背叛秦国，一旦赵国背叛了秦国，齐国也就没有什么忧患了。』

秦攻赵长平

原文

秦攻赵长平，齐、楚救之。秦计曰：『齐、楚救赵，亲[①]，则将退兵；不亲，则遂攻之。』

注释

①亲：指关系友好、亲近。

译文

秦兵攻打赵国的长平，齐、楚两国共同出兵救赵，秦王推断说：『现在齐、楚两国来救援赵国，如果这两国和赵国精诚合作我们就退兵，否则我们就乘势攻打长平。』

赵无以食，请粟于齐，而齐不听。苏秦谓齐王曰：『不如听之以却[1]秦兵，不听则秦兵不却，是秦之计中，而齐、燕之计过[2]矣。且赵之于燕、齐，隐蔽[3]也，齿之有唇也，唇亡则齿寒。

注释

①却：退。②过：错误。③隐蔽：指屏障。

译文

赵军缺乏食粮，准备向齐国借粮，可是齐国不肯借，苏秦对齐王说：『大王不如把粮借给赵国，以便由赵国击退秦兵；假如不肯借粮给赵，那秦兵就不会击退，这正好中了秦国的计谋，而齐、燕的计划也实在有所失误。况且赵国是燕、齐的屏障，彼此的关系就如同牙齿和嘴唇一般，嘴唇如果没有了，那牙齿就会感到寒冷。

原文

今日亡赵，则明日及齐、楚矣。且夫救赵之务[1]，宜若奉[2]漏瓮，沃焦釜[3]。夫救赵，高义也；却秦，显名也。义救亡赵，威却强秦，不务为此，而务爱粟，则为国计者过矣。』

注释

①务：事。②奉：捧。③沃焦釜：往烧干的锅里加水。

译文

今天假如让秦灭亡赵国，那明天就会轮到齐、楚灭亡。救援赵国的事如同用漏桶来灌救烧焦的锅一样。何况救赵又是一种高德义行，而击退秦兵又足可名震诸侯。既有救赵的义行，又可抵抗强秦的威风，不把兵用到这方面，却偏吝惜少许米粮，这就是基本国策的错误。』

或谓齐王

或①谓齐王曰：『周、韩西有强秦，东有赵、魏。秦伐周、韩之西，赵、魏不伐周、韩，为割韩却周害也。及韩却周割之，赵、魏亦不免与秦为患矣。今齐秦伐赵、魏，则亦不果②于赵、魏之应秦而伐周、韩。今齐入于秦而伐赵、魏，赵、魏亡之后，秦东面而伐齐，齐安得救天下乎？』

注释

①或：有人。②指果：一说应为『异』。

译文

有人向齐王进谏说道：『周国和韩国西面有强大的秦国，东面又有赵国和魏国。一旦秦国攻打周国和韩国的西部，纵使赵国和魏国不进攻周、韩，这两个国家必然要割让土地，韩国会退却，周国也会受到重大伤害。等到韩国周国退却、被分割之后，赵国和魏国也无法免除秦国的祸乱。如今齐国鼓动秦国攻打赵、魏两国，这就和之前赵、魏两国鼓动秦国攻打周、韩没什么不同了。如今齐国投奔秦国，去讨伐赵、魏两国，等到赵、魏两国灭亡了之后，秦国就会向东讨伐齐国，大王您又怎能得到天下诸侯的援救呢？』

楚王死

原文

楚王死，太子在齐质。苏秦谓薛公[①]曰：『君何不留楚太子，以市[②]其下东国。』薛公曰：『不可。我留太子，郢[③]中立王，然则是我抱空质而行不义于天下也。』苏秦曰：『不然，郢中立王，君因谓其新王曰：「与我下东国，吾为王杀太子；不然，吾将与三国共立之。」然则下东国必可得也。苏秦之事可以请行；可以令楚王亟[④]入下东国；可以益割于楚；可以忠太子而使楚益入地；可以为楚王走太子；可以忠太子使之亟去；可以恶苏秦于薛公；可以为苏秦请封于楚；可以使人说薛公以善苏子；可以使苏子自解于薛公。』

注释

①薛公：即孟尝君田文，战国四公子之一，因世袭他的父亲田婴的封地薛地，故称为薛公。②市：指交换，做买卖。③郢：楚国的国都。④亟：紧急，立刻。

译文

楚王驾崩，太子还在齐国做人质。苏秦对孟尝君说道：『大人您为什么不扣留楚太子，让他把楚国东部靠近齐国边境的土地割让给齐国呢？』薛公说：『不可以，倘若我把太子扣留了，国都中会再立下新的国君，这样的话我就等于是扣留了一个没用的人质，并且还会成为天下的不义之人。』苏秦又说：『事情并非这样，倘若楚国再立下新君的话，您就可以对新君说：「您把楚国东部靠近

齐国边境的土地让给我的话，我就替您把太子杀掉；不这样的话，我就会联合韩、魏三国共同拥立楚太子。」如此一来楚国东部靠近齐国边境的土地必然能够得到。苏秦请求出使游说此事；使得楚王立刻把楚国东部靠近齐国边境的土地献出来，还可以得到楚国更多的割让之地；可以因为忠诚于太子使楚国割让更多的土地给我们；我们可以替楚王把太子赶走；可以因为忠诚于太子让太子马上离开齐国；可以在孟尝君面前诋毁苏秦；可以替苏秦向楚王讨得封赏；可以让人游说孟尝君，让他与苏秦交好；还可以使苏秦自己向孟尝君解说。」

原文

苏秦谓薛公曰：「臣闻谋泄[①]者事无功，计不决[②]者名不成。今君留太子者，以市下东国也。非亟得下东国者，则楚之计变，变则是君抱空质而负名于天下也。」薛公曰：「善。为之奈何？」对曰：「臣请为君之楚，使亟入下东国之地。楚得成，则君无败矣。」薛公曰：「善。」因遣之。

注释

①泄：指泄露。②决：坚决。

译文

苏秦对孟尝君说：「我听闻谋略泄漏了的人，办事将无法取得功绩，谋略不能被坚决实施的人，威名就无法成就。如今孟尝君您扣留了楚太子，是想要楚国用下东国之地来交换。假若您不能马上得到下东国，楚国可能会再作打算，改变计策的话您将只是守着一个没有用处的人质，并且还会被天下人视为不义。」薛公说：「是啊，那应该如何是好啊？」苏秦回答说：「我请求替您出使楚国，使楚国立刻把下东国之地献给您。只要楚国答应了，您就不会失败了。』薛公说：『好。』因此就派苏秦出使楚国。

原文

谓楚王曰：『齐欲奉太子而立之。臣观薛公之留太子者，以市下东国也。今王不亟入下东国，则太子且倍[1]王之割而使齐奉己。』楚王曰：『谨受命。』因献下东国。故曰『可以使楚亟入地也』。

注释

①倍：成倍，加倍。

译文

苏秦来到楚国后游说新奉立的楚王道：『齐国打算册立太子为国君。据我观察薛公田文扣留太子，是想要楚国用下东国之地来进行交换，倘若大王您不尽快把下东国先给齐国，太子就将会用成倍的土地割给齐国，以便齐国拥立自己作为楚国的君王。』楚王说：『谨遵您的指教。』于是就把下东国献给了齐国。因此说『可以使楚国立刻把下东国之地割让给齐国』。

原文

谓薛公曰：『楚之势可多割也。』薛公曰：『奈何？』『请告太子其故，使太子谒之君，以忠太子。使楚王闻之，可以益入地。』故曰『可以益割于楚』。

译文

苏秦就又对薛公说：『楚国的形势可以割让更多的土地。』孟尝君问：『我们又该怎么办才好呢？』苏秦说：『我请求告诉太子可以拥立他为国君的事，条件是割让更多的楚地，使太子拜见您，以便表明齐国对于太子的忠诚。然后让楚王听闻这件事。这样就可以得到更多的割让之地。』因此说『可以从楚国割让更多的土地』。

原文

谓太子曰：『齐奉太子而立之，楚王请割地以留太子，齐少其地。太子何不倍楚之割地而资齐，齐必奉太子。』太子曰：『善。』倍楚之割而延齐。楚王闻之，恐，益割地而献之，尚[①]恐事不成。故曰『可以使楚益入地也』。

注释

①尚：尚且。

译文

苏秦就对楚太子说：『齐国打算奉立太子您为楚国的君王，但是楚王要割给齐国土地，以达到使齐国拘禁太子的目的，齐国认为割地太少了，太子您为什么不允诺割成倍的土地给齐国。如此一来齐国必然会拥立您为楚君。』太子答应说：『好。』就允诺割成倍的土地以扩展齐国。楚王听闻这件事后非常恐惧，也答应献出成倍的楚地，尚且害怕事情办不成。因此说『可以让楚国献出更多的土地』。

原文

谓楚王曰：『齐之所以敢多割地者，挟[①]太子也。今已得地而求不止者，以太子权王也。故臣能去太子。太子去，齐无辞，必不倍于王也。王因驰强齐而为交，齐必听王。然则是王去雠而得齐交也。』楚王大悦曰：『请以国因。』故曰『可以为楚王使太子亟去也』。

注释

①挟：要挟，胁迫。

译文

苏秦对楚王说：『齐国敢于向楚国索求割让更多的土地，原因就在于他挟持着太子。如今齐国已经得到了楚地，却并没有停止索求，是由于太子与楚王您的力量相当。因此我能让楚太子从齐国离开。太子一旦离开，齐国就没有托词了，也就必然不会向您索求成倍的土地了。大王您就会因此和强齐建立邦交。齐国必然会听从于大王您。这样的话大王您既赶走了仇敌，又与齐国建立邦交。』楚王十分高兴，说：『请先生您为齐、楚建交吧！』因此说『可以立刻为楚王把太子赶出齐国』。

原文

谓太子曰：『夫剬[①]楚者王也，以空名市者太子也，齐未必信太子之言也，而楚功见矣。楚交成，太子必危矣。太子其图之。』太子曰：『谨受命。』乃约车而暮去。故曰『可以使太子急去也』。

注释

①剬：同『制』，控制。

译文

苏秦对太子说：『控制楚国的人是楚王，太子您只能说空话把土地割给齐国，齐国不一定会相信您的话。而楚王献出土地的实效已经显现。一旦齐、楚建立邦交，太子您必定很危险。太子您为此图谋一下啊。』太子说：『谨遵您的指教。』于是就预备好车马，晚上逃离了齐国。因此说『可以使太子立刻离开齐国』。

苏秦使人请薛公曰：『夫劝留太子者苏秦也，苏秦非诚以为君也，且以便楚也。苏秦恐君之知之，故多割楚以灭迹也。今劝太子者又苏秦也，而君弗知。臣窃为君疑之。』薛公大怒于苏秦。故曰『可使人恶[1]苏秦于薛公也』。

注释

①恶：诋毁。

苏秦让人对薛公田文说：『劝您拘禁楚太子的人是苏秦，但是苏秦并非真正的为了孟尝君您，而是为了楚国的利益考虑。苏秦害怕被您发现这些，因此让楚国多割一些土地给齐，这是为了掩盖自己为楚国着想的痕迹。如今劝太子逃离的人也是苏秦，您并不知道这些。我私下替您感到疑惑。』薛公田文十分恼怒苏秦。因此说：『可以让人在薛公田文面前诋毁苏秦。』

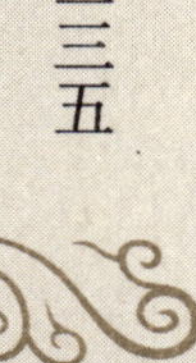

原文

又使人谓楚王曰：『夫使薛公留太子者苏秦也；奉王而代立楚太子者又苏秦也；割地固[1]约者又苏秦也；忠王而走太子者又苏秦也。今人恶苏秦于薛公，以其为齐薄而为楚厚也。愿王之知之。』楚王曰：『谨受命。』因封苏秦为武贞君。故曰『可以为苏秦请封于楚也。』

注释

①固：巩固。

译文

苏秦又使人对楚王说：『让薛相国田文拘禁太子的人是苏秦，让齐国尊奉大王为国君，代替太子的人也是苏秦，让楚国割让土地巩固齐、楚邦交的人也是苏秦，忠诚于大王使太子逃离齐国的人还是苏秦。如今有人在薛公田文面前诋毁苏秦，认为他对齐国不好，而偏袒楚国。希望大王您知道这些。』楚王说：『谨遵教导。』因此册封苏秦为楚国的武贞君。因此说『可以替苏秦在楚国求得封赏』。

原文

又使景鲤[1]请薛公曰：『君之所以重于天下者，以能得天下之士而有齐权也。今苏秦天下之辩士也，世与少有。君因不善苏秦，则是围塞天下士，而不利说途也。夫不善君者，且奉苏秦，而于君之事殆矣。今苏秦善于楚王，而君不蚤[2]亲，则是身与楚为雠也。故君不如因而亲之，贵而重之，是君有楚也。』薛公因善苏秦。故曰『可以为苏秦说薛公以善苏秦』。

注释

①景鲤：楚国的相国。②蚤：通『早』。

译文

苏秦又让楚相景鲤对齐相薛公说：『您之所以能够得到天下诸侯的尊重，是由于您能得到天下的士人，拥有齐国的实权。如今苏秦是天下非常善于辩论的人，整个世间都少有。您对苏秦不友善的话，就会堵塞天下士人，会对游说等外交活动造成不利。那些与您不友善的士人，就会奉立苏秦，而薛公您行事就会有危险了！如今苏秦与楚王十分友善，假若您不尽早亲善苏秦，您就会成为楚王的仇敌。因此薛公您最好亲善苏秦，尊重他，如此一来您就会得到楚国的亲善。』薛公于是就和苏秦亲善。因此说『可以派人替苏秦游说薛公，使薛公亲善苏秦』。

齐王夫人死

原文

齐王夫人死，有七孺子①皆近。薛公欲知王所欲立，乃献七珥②，美其一，明日视美珥所在，劝王立为夫人。

注释

①孺子：年轻貌美的妇人，这里是指威王的七个美妾。②珥：耳环。

译文

齐威王的夫人去世了，另外威王有七个美妾，都是威王平日所喜爱的。薛公田文想知道威王打算立那个爱妾为夫人，便给威王献上了七副耳环，其中有一副最美，第二天，看到谁戴着那副最美耳环，就劝威王立那个人为夫人。

孟尝君将入秦

原文

孟尝君将入秦，止者千数，而弗听。苏秦欲止之，孟尝君曰：『人事者吾已尽知之矣；吾所未闻者，独①鬼事耳。』苏秦曰：『臣之来也，固不敢言人事也，固且以鬼事见君。』

注释

①独：仅仅，只不过。

译文

孟尝君田文打算到秦国去，劝阻他的人有数千人，但是他都不听取。苏秦想要制止他，孟尝君说：『人世间的事我早已全部知道了，我还没有听说闻过的，就只有鬼的故事了。』苏

秦宫狗盗

孟尝君曾入秦为相，后被秦昭王扣留。他的食客装狗钻入秦宫偷出狐白裘献给昭王妾，昭王妾向昭王求情，释放了孟尝君。孟尝君逃至函谷关，昭王又令人追捕。另一食客装鸡叫引众鸡齐鸣骗开城门，孟尝君得以逃回齐国。

秦回答说：『臣今天来面见您，原本就也不敢谈论人事，原本就是因为鬼事才来见您的。』

原文

孟尝君见之。谓孟尝君曰：『今者臣来，过于淄上①，有土偶人与桃梗相与语。桃梗谓土偶人曰：「子，西岸之土也，挺②子以为人，至岁八月，降雨下，淄水至，则汝残矣。」土偶曰：「不然，吾西岸之土也，土则复西岸耳。今子东国之桃梗也，刻削子以为人，降雨下，淄水至，流子而去，则子漂漂者将何如③耳。」今秦四塞之国，譬若虎口，而君入之，则臣不知君所出矣。』孟尝君乃止。

注释

①淄上：淄水之上。淄，水名。②挺：糅合，捏合。③何如：往哪里。

译文

于是孟尝君田文就见了苏秦。苏秦告诉孟尝君：『我这一次来见您，从淄水上经过的时候，有个泥偶和一个桃木制成的木偶在说话，桃木偶对泥偶说：「你是西岸的土，是用土把你做成人的形状的，到今年八月的时候，天降大雨，淄水就会上涨，到时候你就会坏了。」土偶说：「你说得不对，我的确是西岸的土，即使被冲坏了可依然是西岸的土。但是现在你是东岸的桃梗。你是被人用木头刻成人的形状，等到下雨的时候，淄水上涨，你就会被水冲走，就会一路漂泊不知道将会漂往哪里。」如今秦国四面都是险要之塞，这就好像是虎口，一旦您掉进虎口，我不知道您的出路在哪里。』于是孟尝君就放弃了前往秦国的想法。

孟尝君在薛

孟尝君在薛，荆人①攻之。淳于髡为齐使于荆，还反②过薛，而孟尝令人体貌③，而亲郊④迎之。谓淳于髡曰：『荆人攻薛，夫子弗忧，文无以复待矣⑤。』淳于髡曰：『敬闻命！』至于齐，毕报。王曰：『何见于荆？』对曰：『荆甚固⑥，而薛亦不量其力⑦。』王曰：『何谓也？』对曰：『薛不量其力，而为先王立清庙⑧。荆固而攻之，清庙必危。故曰：「薛不量力而荆亦甚固。」』齐王和其颜色曰：『嘻！先君之庙在焉！』疾⑨兴兵救之。颠蹶之请，望拜之谒⑩，虽得则薄矣。善说者，陈其势，言其方⑪；人之急也，若自在隘窘⑫之中，岂用强力哉？！

注释

①荆人：楚国人。②反：通『返』，返回。③体貌：应为礼貌，以礼相迎。④亲郊：亲自到郊外。⑤文无以复待矣：我不能再侍奉您了，意思是，我不久会被（楚人）杀死，请您帮我想想办法。⑥固：稳固、牢固。⑦不量其力：即自不量力。⑧清庙：先王的宗庙。⑨疾：马上。⑩颠蹶之请，望拜之谒：形容慌忙奔走着去寻求救兵。⑪陈其势，言其方：陈说形势、讲究方法。⑫隘窘：危急困窘之地。

译文

孟尝君的封地在薛邑，楚人发兵攻打薛邑。淳于髡身为齐国的使者出使到楚国，完成任务后返回齐国，途中经过薛邑，孟尝君派人以隆重的大礼相迎，并且亲自到郊外去迎接他，孟尝君对淳于髡说道：『楚人正在攻打薛邑，您不必为此担忧，只是我以后（即薛邑亡了以后）就不能再侍奉您了。』淳于髡说：『我知道了。』淳于髡回到齐国以后，向齐王将情况汇报完毕，齐王问道：『您在楚国有何见闻呢？』淳于髡回答道：『楚国国力是十分强固的，有外侵之意，然而薛邑也的确是自不量力。』齐王说：『为什么这么说呢？』淳于髡说：『薛邑实在是自不量力呀，偏偏在那儿修建了先王的宗庙，楚国国力稳固强盛，想要攻打薛邑，那样一来，先王的宗庙就必将很危险了呀。因此我说：「楚国十分稳固强盛，而薛邑也的确是自不量力呀。」』齐王听了以后，脸上露出紧张的神情，说道：『是啊！先王的宗庙还在薛邑呀！』于是便立刻派兵去援救薛邑。从这件事可以看出，如果孟尝君奔走劳顿地去请求齐王，并加以情真意切地去礼拜，虽然也可以得到齐王的援助，可终究也是不够情深意厚的，那些擅长游说的人，巧于陈述形势、讲究说法的办法；在诉说处境危急的时候，会让对方感到自己也处在同样困难危急中一样，难道还需要再用什么强力吗？

孟尝君奉夏侯章

原文

孟尝君奉夏侯章以四马百人之食，遇之甚欢。夏侯章每言，未尝不毁①孟尝君也。或以告孟尝君，孟尝君曰：『文有以事夏侯公矣，勿言。』董之繁菁②以问夏侯公，夏侯公曰：『孟尝君重③，非诸侯也，而奉我四马百人之食。我无分寸之功而得此，然吾毁之以为之也。君所以得为长者，以吾毁之者也。吾以身为孟尝君，岂得④持言也？』

注释

①毁：毁谤。②董之繁菁：人名，齐人。③重：德高望重。④得：应为衍文。

译文

孟尝君以上等食客（四马百人之食）的待遇招待夏侯章，两人交往的十分融洽。但是夏侯章每次谈到孟尝君的时候，都要说坏话毁谤他，有人就将这一情况告诉给了孟尝君，孟尝君说道：『我是以朋友的身份去对待夏侯公的，你们不要再提这些事了。』董之繁菁就将这件事告诉给了夏侯章，并对他加以责问。夏侯章说道：『孟尝君的诸侯之间虽然是德高望重，但他终究还不是诸侯，却以上等食客的待遇招待我。我没有任何功劳，竟然得到了如此优厚的款待，我之所以说他的坏话，恰恰正是因为这个缘故，以此去报答他的知遇之恩。孟尝君之所以能够获得「长者」的美名，正是因为有我说他坏话的缘故呀。我不惜自己声名狼藉以成全孟尝君的美名，这岂止是仅凭几句话就可以做到的呢？』

孟尝君燕坐

原文

孟尝君燕坐，谓三先生曰：『愿闻先生有以补之阙①者。』

一人曰：『訾②！天下之主，有侵君者，臣请以臣之血湔其衽③。』

田瞀④曰：『车轶之所能至，请掩足下之短，诵足下之长。千乘之君与万乘之相其欲有君也，如使而弗及也。』

胜瞀曰：『臣愿以足下之府库财物收天下之士，能为君决疑应卒⑤，若魏文侯之有田子方、段干木⑥也。此臣之所为君取矣。』

注释

①阙：过错。②訾：语气词。③湔其衽：指溅洒他们的衣襟。湔，通『溅』；衽，衣襟。④田瞀：人名，孟尝君的门客。⑤卒：通『猝』，仓猝。⑥田子方、段干木：魏文侯的谋士。

译文

孟尝君田文在家里闲坐，就对三个门客说道：『我想要听听几位先生有没有什么可以帮助我改正缺点的办法？』

一个门客说道：『嘻！普天之下有哪个诸侯敢冒犯大人您呢，我请求用自己的鲜血去溅洒他们的衣襟。』

门客田瞀说：『只要是车辆能够到达的地方，我请求来为您掩饰不足，歌颂您的优点。拥有千乘车辆的君主和万乘车辆的相国，他们都想要有求于您，倘若需要出使的话，我只害怕大人您不让我为您效力。』

胜瞀说：『我愿意用您府库中的财物收取各个诸侯国的贤士，替大人您裁决疑惑之事，应对突然间的变故，就如同魏文侯所拥有的田子方、段干木一样。这是我想要为您做的。』

孟尝君舍人有与君之夫人相爱者

原文

孟尝君舍人有与君之夫人相爱①者。或以问②孟尝君曰：『为君舍人，而内与夫人相爱，亦甚不义矣。君其杀之。』君曰：『睹貌而相悦者，人之情也，其错③之勿言也。』

居期年，君召爱夫人者而谓之曰：『子与文游久矣，大官未可得，小官公又弗欲。卫君与文布衣交④，请具⑤车马、皮币，愿君以此从卫君游。』于卫甚重。

注释

①爱：私通，有私情。②问：告诉。③错：通『措』，放置。④布衣交：即指交情很好。⑤具：预备，准备。

译文

孟尝君家里有个舍人和他的夫人私通。有人向孟尝君报告了这件事，说道：『他作为您的舍人，却在家里与您的夫人私通，这个人也太不讲道义了。大人您还是杀了他吧。』孟尝君说：『见到美貌之人而相互喜欢，这乃是人间的常情，还是就这样放置，不要再提这件事了。』

一年之后，孟尝君召集那个与他夫人私通的人，对那个人说到：『先生您和我交往也已经很久了，没有做上大官，小官您又不想做。卫国君主和我有着很好的交情。我为您预备好车马、皮裘、锦帛之物，希望您带着这些东西去和卫国君主结交。』这个人到了卫国之后很受重视。

原文

齐、卫之交恶，卫君甚欲约[①]天下之兵以攻齐。是人谓卫君曰：『孟尝君不知臣不肖，以臣欺君。且臣闻齐、卫先君，刑马压羊[②]，盟曰：「齐、卫后世无相攻伐，有相攻伐者，令其命如此[③]。」今君约天下之兵以攻齐，是足下倍先君盟约而欺孟尝君也。愿君勿以齐为心。君听臣则可；不听臣，若臣不肖也，臣辄[④]以颈血湔[⑤]足下衿。』卫君乃止。

齐人闻之，曰：『孟尝君可语善为事矣，转祸为功。』

注释

①约：联合。②刑马压羊：宰马杀羊。③令其命如此：让他们的命运就像这些马、羊一样遭受杀戮。④辄：就。⑤湔：通『溅』。

译文

齐国和卫国邦交不好，卫君非常想要与天下诸侯联盟，统帅联军攻打齐国。孟尝君的那个舍人对卫君说：『孟尝君不知道我很没有才能，把我举荐给您，使得大王您受到了欺骗。并且我曾听闻齐国和卫国两国的先王曾经杀马宰羊，盟誓说：「齐国和卫国的后世子孙彼此之间不能相互讨伐，如果相互讨伐的话，就让他们的命运像这些马、羊一样遭受杀戮。」如今大王您召集天下诸侯的联盟之军准备讨伐齐国，这是君王您背叛了齐、卫两国先君的歃血之盟，欺骗了孟尝君。愿大王您不要再有攻打齐国之心。您如果听取我的劝告那就没事了，否则，像我这样没有才能的人，割破脖子也要让血溅到您的衣襟上。』于是卫君就停止了攻打齐国的准备。

齐国人听说这事后，都说：『孟尝君可称得上善于办事的人，能把祸患变为他的功劳。』

孟尝君有舍人而弗悦

原文

孟尝君有舍人而弗悦，欲逐之。鲁连①谓孟尝君曰：『猿猕猴错木据水则不若鱼鳖；历险乘危则骐骥不如狐狸；曹沫②之奋三尺之剑，一军不能当③，使曹沫释其三尺之剑，而操铫鎒④，与农夫居垅亩之中，则不若农夫。故物舍其所长，之其所短，尧亦有所不及矣。今使人而不能，则谓之不肖；教人而不能，则谓之拙。拙则罢之，不肖则弃之。使人有弃逐，不相与处，而来害相报者，岂非世之立教首也哉？』孟尝君曰：『善。』乃弗逐。

注释

①鲁连：即鲁仲连，齐国人。②曹沫：人名，鲁庄公的武士，十分骁勇。③当：通『挡』，指抵挡。④铫鎒：古时类似于镢头、锄头的两种农具。

鲁仲连

鲁仲连，又名鲁仲连子、鲁连子、鲁仲子和鲁连，是战国末年齐国稷下学派后期代表人物，著名的平民思想家、辩论家和卓越的社会活动家。

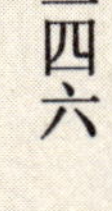

译文

孟尝君门下有个舍人，孟尝君不喜欢他，想要把他驱逐出去。鲁仲连就对孟尝君说道：『猿猴、猕猴一旦离开树木落到水中，就会还不如鱼鳖灵敏；经过险阻之地攀爬危险的岩石，良骑也比不上狐狸。古时的武士曹沫举起三尺长的剑，即使万人也抵挡不了，但是倘若让曹沫放下他三尺宝剑，而手持铫鎒，和农夫一起在田地里劳动，他就会还不如一个农夫。因此事物舍弃自己的长处，而用自己所不擅长的，即使是尧这样的圣人也有比不上的事。如今您不能用人之长，就称别人没有才能；让人做他不擅长的事做不了，就说他愚笨。认为他愚笨就罢免他，认为他不才就抛弃他。倘若每个人都驱逐抛弃那些不能与之相处的人，将来又会报往昔的仇怨，这岂不是替以后的事留下一个不好的开端吗？』孟尝君说：『是。』于是就没有驱逐那个舍人。

孟尝君出行国至楚

原文

孟尝君出行①国，至楚，献象床。郢之登徒直②使送之，不欲行。见孟尝君门人公孙戍曰：『臣，郢之登徒也，直送象床。象床之直③千金，伤此若发漂④，卖妻子不足偿之。足下能使仆无行，先人有宝剑，愿得献之。』公孙曰：『诺。』入见孟尝君曰：『君岂受楚象床哉？』孟尝君曰：『然。』公孙戍曰：『臣愿君勿受。』孟尝君曰：『何哉？』公孙戍曰：『小国所以皆致相印于君者，闻君于齐能振达贫穷，有存亡继绝之义。小国英桀⑤之士，皆以国事累君，诚说⑥君之义，慕君之廉也。今到楚而受象床，所

未至之国将何以待君？臣戍愿君勿受。』孟尝君曰：『诺。』

注释

①出行：外出巡游。②直：通『值』，正赶上。③直：通『值』，价值。④发漂：头发尖儿。意思是说，床像头发尖的发丝一样细密精巧。⑤英桀：桀，通『杰』，战胜万人者称英，战胜英人者称桀。⑥说：通『悦』，喜欢的。

译文

孟尝君外出巡游五国，来到楚国的时候，楚王将一张象牙床送给了他。当时楚都的登徒官正在值班，应该由他前去送象牙床，然而他不想去送，便前去拜见孟尝君的门人公孙戍说道：『我是楚都的登徒官，原本应该由我前去送象牙床。然而象牙床价值千金，如果有一丝一毫的损伤，我就是卖了妻子儿女也赔偿不起呀。我家中有一把祖传的宝剑，如果您能让我不去送象牙床，我愿将这把宝剑送给您。』公孙戍说：『好的。』公孙戍便进去见孟尝君，说道：『难道您已经接受了楚王赠送的象牙床了吗？』孟尝君说：『是的。』公孙戍说道：『我希望您还是不要接受的好。』孟尝君说：『为什么呢？』公孙戍说：『五国之所以都将相印交给您，是因为知道您在齐国能够救济穷困的人，有让小国存留下来、让断绝的宗庙之火继续点燃起来的正义行为。正因为如此，五国的明君才将国家大事都托付给您，他们是真正地喜欢您的义气，爱慕您的廉行。如今您到了楚国，就接受了楚王赠送的象牙床，那些您还没有去的国家，又将怎样去接待您呢？我希望您还是不要接受这个礼物的好呀。』孟尝君说：『你说的很有道理。』

原文

公孙戍趋[①]而去。未出，至中闺[②]，君召而返之，曰：『子教文无受象床，甚善。今何举足之高，志之扬[③]也？』公孙戍曰：『臣有大喜三，重[④]之宝剑一。』孟尝君曰：『何谓也？』公孙戍曰：『门下百数，莫敢入谏，臣独入谏，臣一喜；谏而得听，臣二喜；谏而止君之过，臣三喜。输[⑤]象床，郢之登徒不欲行，许戍以先人之宝剑。』孟尝君曰：『善。受之乎？』公孙戍曰：『未敢。』曰：『急[⑥]受之。』因书门版曰：『有能扬文之名、止文之过[⑦]，私得宝于外者，疾入谏。』

注释

①趋：快走。②闺：宫中的小门。③足之高，志之扬：脚抬得很高，志气很飞扬，形容心情很高兴。④重：再加上。⑤输：运送。⑥急：赶紧。⑦扬文之名、止文之过：宣扬我的美名，制止纠正我的错误。

译文

公孙戍匆匆地快走离去了。他还没有走到中门，孟尝君便派人将他叫了回来，问他道：『您教我不要接受这张象牙床，这个建议很好。可是您为什么这么高兴呢？』公孙戍回答说：『我有三件大喜事，再加上还有一把宝剑。』孟尝君说：『为什么这么说呢？』公孙戍说：『您门下有一百多人，却都没有人敢前来规劝您，唯独我自己来劝您，这是我的第一件喜事；我规劝了您，您又听从我的规劝，这是我的第二件喜事；我规劝您，还可以使您的错误得以改正，这是我的第三件喜事。楚王赠送给您的象牙床，楚都的登徒官不愿意前去运送，他还要送我一把家传的宝剑作为酬谢。』孟尝君说：『这很好呀。您接受了吗？』公孙戍说：『我不敢擅自接收呀。』孟尝君说道：『您赶紧接受了这把宝剑吧。」于是便命人写出布告张贴出来说：「那些谁能够宣扬我的美名、纠正制止我的错误，以及在外私自得到宝物的人，都赶紧过来给我提意见！」

淳于髡一日而见七人于宣王

淳于髡一日而见[①]七人于宣王。王曰：「子来，寡人闻之，『千里而一士，是比肩[②]而立；百世而一圣，若随踵[③]而至也。』今子一朝而见七士，则士不亦众乎？」淳于髡曰：「不然，夫鸟同翼者而聚居，兽同足者而俱行。今求柴葫、桔梗于沮泽[④]，则累世[⑤]不得一焉；及之睾黍梁父之阴[⑥]，则郄车[⑦]而载耳。夫物各有畴[⑧]，今髡贤者之畴也。王求士于髡，譬若挹[⑨]水于河，而取火于燧[⑩]也。髡将复见之，岂特[⑪]七士也？」

注释

①见：使之见，这里是引荐的意思。②比肩：并肩。③随踵：接踵。④柴葫：桔梗于沮泽：柴葫、桔梗，中药名，生长在山上。沮泽，低湿的地方。⑤累世：世世代代。⑥睾黍梁父之阴：睾黍、梁父，大山名。阴，山的北坡。⑦郄车：即敞开车篷。⑧畴：类。⑨挹：汲取。⑩燧：古代取火的工具，分为金燧、木燧两种。⑪特：只、仅仅。

淳于髡在一天之内向齐宣王引荐了七个人。齐宣王说道：「您过来一下，我听人说过，如果每

隔千里就能出现一位贤士，那这贤士就是并肩而立了；如果每百代就能出一个圣人，那就算得上是圣人接踵而至了。如今您一天就引荐了七位贤士，这样以来，贤士不就是太多了吗？』淳于髡说：『不是这样的。那些翅膀相同的鸟类聚集在一起居住，足爪相同的兽类也是聚在一起行走。如今如果要到地势低湿的地方去采集柴葫、桔梗，那么世世代代都去采集也得到一两（这两类药材是生长的山上的），如果到睾黍山、梁父山的北坡上去采集，那采集到就可以多的要敞开车去装载。世上的万物都是各有其类的，如今我淳于髡属于贤士一类的人。君王您向我这里寻求贤士，就好比是到黄河里去取水，在燧中去取火一样容易。我还要再向君王引荐其他的贤士，哪里会仅仅只有这七个人呢？』

齐欲伐魏

原文

齐欲伐魏，淳于髡谓齐王曰：『韩子卢者，天下之疾犬①也。东郭逡者，海内之狡兔②也。韩子卢逐东郭逡，环山者三，腾山者五，兔极③于前，犬废④于后，犬兔俱罢⑤，各死其处。田父见之，无劳倦之苦，而擅⑥其功。今齐、魏久相持，以顿⑦其兵，弊⑧其众，臣恐强秦大楚承其后，有田父之功。』齐王惧，谢将休士⑨也。

注释

①疾犬：跑的极快的狗。②狡兔：极其狡猾的兔子。③极：极尽其力。④废：疲惫不堪。⑤罢：通『惫』，疲惫。⑥擅：占有。⑦顿：困顿。⑧弊：疲惫。⑨谢将休士：遣散将帅，修顿士兵。

齐国想要去讨伐魏国，淳于髡向齐王说道：『韩子卢是天下跑得最快的一只狗，东郭逡是人所共知的最为狡猾的兔子。韩子卢追逐东郭逡的时候，环山追击跑了三圈，跳跃翻山追了五次。东郭逡在前面筋疲力尽地逃命，韩子卢疲惫不堪地跟在后面追赶，狗与兔子都疲惫不堪，最终双双累死在自己所在的地方。农夫看到了以后，没有任何劳碌奔走之苦，就独享了成果（同时得到兔子和狗）。如今齐国和魏国处于长期相对峙时期，已经招致士兵困顿至极，百姓疲乏不堪，我担心强大的秦国和楚国将会紧紧地盯着齐国和魏国，等着他们双双疲惫力竭，以便坐收农夫之利呀。』齐王听了很害怕，便将将帅们遣散，让士兵也都回家休息了。

国子曰秦破马服君之师

国子①曰：『秦破马服君②之师，围邯郸。齐、魏亦佐秦伐邯郸，齐取淄鼠，魏取伊是。公子无忌③为天下循便计，杀晋鄙，率魏兵以救邯郸之围，使秦弗有而失天下。是齐入于魏而救邯郸之功也。

注释

①国子：齐国的大臣，官居大夫。②马服君：这里指赵将赵括。因其父赵奢被封马服君，赵括承袭了其父的封号。③公子无忌：即魏国的信陵君，『战国四公子』之一。

译文

齐臣国子说：『秦军攻破赵括的军队，围困了赵国的都城邯郸。齐、魏两国也与秦国一起讨伐邯郸，齐夺下了淄鼠，魏攻取了伊是。魏国的信陵君为天下采用便宜之计杀死魏将晋鄙，统帅魏国的军队解救了邯郸的围困，使秦国没有得到任何利益，反而丧失了四海之内的民心。这都是齐军侵入魏地，才造就了信陵君解救邯郸之围的功绩。

原文

『安邑者，魏之柱国[1]也；晋阳者，赵之柱国也；鄢郢者，楚之柱国也。故三国与秦壤界，秦伐魏取安邑，伐赵取晋阳，伐楚取鄢郢矣。福三国之君，兼二周之地，举韩氏取其地，且天下之半。今又劫赵、魏，疏中国，封卫之东野，兼魏之河南，绝赵之东阳，则赵、魏亦危矣。赵、魏危，则非齐之利也。韩、魏、赵、楚之志，恐秦兼天下而臣其君，故专兵一志以逆[2]秦。三国之与秦壤界而患急，齐不与秦壤界而患缓。是以天下之势不得不事齐也。故秦得齐，则权重于中国；赵、魏、楚得齐则足以敌秦。故秦、赵、魏得齐者重，失齐者轻。齐有此势，不能以重于天下者何也？其用者过也。』

注释

①柱国：国都。②逆：抵抗。

译文

『安邑，魏之都城；晋阳，赵之国都；鄢郢，楚之国都。这三个国家原本就和秦国的边境相接，秦攻破了魏国就能够占领安邑，讨伐赵国就能够夺取晋阳，攻打楚国就能够夺取鄢郢。再威逼三国

的国君臣服，兼并东、西两周之地，攻破韩国，所攻取的土地将要达到天下土地的一半。如今又劫掠赵国和魏国，使中原各国之间疏离，夺取卫国的东地，吞噬魏国的河内地区，控制了赵国的东阳，如此一来，赵、魏就将处于危境了。赵、魏两国危急，这对齐国而言没有好处。韩、魏、赵、楚四国的心思，是害怕秦国兼并了天下的诸侯，使这四国的国君向秦称臣，因此他们齐心合力共同抵抗秦国。魏、赵、楚这三个国家因为与秦国边境交接，因此深为忧虑；而齐国因为边境不与秦国交接，因此也就不是十分的担忧。天下诸侯在这种形势下就必然要依赖齐国。所以一旦秦国得到了齐国的友善，它的权势就会压倒天下诸侯；而赵、魏、楚三国如果得到了齐国的友善，力量就足以与秦国对抗。因此秦国和赵、魏这一方能够得到齐国的一方，权势就会更大；而没有得到齐国的一方，权势就太轻。齐国有这样大的权势，却仍然无法在天下诸侯中起到重要作用，这是什么原因呢？这是由于齐国用人不当。』

卷十一　齐策四

齐人有冯谖者

原文

齐人有冯谖者，贫乏不能自存，使人属[①]孟尝君，愿寄食门下。孟尝君曰：『客何好？』曰：『客无好也。』曰：『客何能？』曰：『客无能也。』孟尝君笑而受之曰：『诺。』左右以君贱之也，食以草具。

注释

①属：通『嘱』，嘱托。

译文

齐国有一个名叫冯谖的人，他穷困潦倒，因而不得已就托人引荐到孟尝君那里当一名食客。孟尝君问：『客人有什么爱好吗？』冯谖回答说：『没有什么爱好。』孟尝君又问：『客人有什么才干吗？』冯谖回答说：『没有什么才干。』孟尝君笑着同意接受他，说：『好吧。』左右的人以为孟尝君轻视这个食客，于是就用粗茶淡饭来给他吃。

原文

居有顷[①]，倚柱弹其剑，歌曰：『长铗[②]归来乎！食无鱼[③]。』左右以告。孟尝君曰：『食之，比门下之客。』居有顷，复弹其铗，歌曰：『长铗归来乎！出无车。』左右皆笑之，以告。孟尝君曰：『为之驾，比门下之车客。』

注释

①顷：一段时间。②长铗：长剑。③食无鱼：孟尝君把门下的宾客分为三等，所吃的东西也不同，最低等吃菜，最高等吃肉，中等吃鱼。孟尝君原本把冯谖归入最低等吃菜，因此冯谖声称『食无鱼』。

过了一段时间，冯谖靠在柱子上敲着剑唱道：『长剑啊，咱们回去吧！因为我饭里没有鱼肉。』左右的人把这话告诉孟尝君，孟尝君说：『给他鱼肉吃，和中等门下客相同！』过了一段时间，冯谖又敲起他的长剑唱道：『长剑啊，咱们回去吧！因为我外出没有车子坐。』左右的人都笑他得寸进尺，并且也把这事告诉给孟尝君，孟尝君说：『给他车坐，和门下有车的客人相同！』

原文

于是乘其车，揭其剑，过其友曰：『孟尝君客我。』后有顷，复弹其剑铗，歌曰：『长铗归来乎！无以为家。』左右皆恶之，以为贪而不知足。孟尝君问：『冯公有亲乎？』对曰：『有老母。』孟尝君使人给其食用，无使乏①。于是冯谖不复歌。

注释

①乏：穷尽，完。

译文

于是冯谖就坐上他的车子，佩带上他的剑去访问他的朋友说：『孟尝君优待我为上客。』后来又过了一段时间，冯谖再敲起他的剑唱道：『长剑啊，咱们回去吧！因为我不能养家。』左右的人都讨厌冯谖，认为他是一个贪得无厌不知自爱的人，可是孟尝君却问：『冯先生有家眷吗？』冯谖说：『家有老母。』于是孟尝君就派人给冯谖母亲送去衣食等生活费用，使他的老母也不再穷困。从此冯谖才不再唱发牢骚的歌了。

原文

后孟尝君出记[1]，问门下诸客：『谁习计会，能为文收责[2]于薛者乎？』冯谖署曰：『能。』孟尝君怪之，曰：『此谁也？』左右曰：『乃歌夫长铗归来者也。』孟尝君笑曰：『客果有能也，吾负[3]之，未尝见也。』

注释

①记：告示。②责：通『债』。③负：辜负。

译文

后来孟尝君贴出一张告示，问门下食客说：『请问哪一位通晓簿记？以便为我到薛地去讨债。』这时冯谖就在布告上写道：『我通晓簿记。』孟尝君看了很诧异地问：『应答的是谁呀？』左右的人回答说：『就是那个唱「长剑回去歌」的人。』孟尝君笑着说：『这位冯先生果然有本领，我真对不起他，因为我还未曾接见过他。』

原文

请而见之，谢曰：『文倦于事，愦[1]于忧，而性懧愚[2]，沉于国家之事，开罪于先生。先生不羞，乃有意欲为收责于薛乎？』冯谖曰：『愿之。』于是约车治装[3]，载券契而行，辞曰：『责毕收，以何

市而反④？』孟尝君曰：『视吾家所寡⑤有者。』

注释

①愦：昏聩，昏乱。②怜愚：懦弱愚钝，谦辞。③约车治装：准备车子服装。④以何市而反：买些什么回来？市，买；反，通『返』，返回。⑤寡：少。

译文

于是就派人把冯谖找来，孟尝君当面向他道歉说：『我每天为事务奔忙，身心都很疲倦，因此使我忧思昏乱。再加上我生性愚笨懦弱，国家的政务又纠缠在身，以致怠慢了先生，所幸先生不介意这些，先生愿意替我去薛地收债吗？』冯谖说：『我愿意去。』于是孟尝君就给冯谖准备车子服装，让他拿着所有债券和契约出发，临辞行时他问孟尝君说：『臣为贤公收完债时，要为贤公买些什么回来呢？』孟尝君回答说：『买些我家里所缺少的东西。』

原文

驱而之①薛，使吏召诸民当偿者，悉来合券。券遍合，起矫命②以责赐诸民，因烧其券，民称万岁。

注释

①之：到。②矫命：假托命令。

译文

于是冯谖就坐上车子到达了薛地，他命官吏把所有应当还债的百姓集合起来，欠债的百姓都拿着债券来核对。可是当债券对完之后，冯谖就假传孟尝君的命令，把要收的债款都赏给这些百姓，并且立刻焚毁了所有的债券和契约，百姓们都高兴得当场高呼「万岁」。

原文

长驱到齐，晨而求见。孟尝君怪其疾也，衣冠[①]而见之，曰：『责毕收乎？来何疾也！』曰：『收毕矣。』『以何市而反？』冯谖曰：『君云「视吾家所寡有者」。臣窃计，君宫中积珍宝，狗马实外厩，美人充下陈。君家所寡有者以义耳！窃以为君市义。』

注释

①衣冠：穿上衣服，戴上帽子。

译文

然后冯谖马上又坐车回到齐都临淄，清晨一大早就去见孟尝君。孟尝君奇怪他回来得这么快，于是就赶紧穿好衣冠接见冯谖说：『债都收完了吗？怎么回来得这么快呢？』冯谖回答说：『都收完了。』『那你给我买什么东西回来了？』冯谖回答说：『贤公曾对臣说「买些我家里所缺少的东西」，因此臣在私下盘算的结果，认为贤公宫中堆积有珍宝，外面又有很多骏马和名狗，尤其是美女住满了后宫。所以臣认为贤公家中所缺的就是「义」，臣为贤公买了一些「义」回来。』

原文

孟尝君曰：『市义奈何？』曰：『今君有区区之薛，不拊爱[①]子其民，因而贾利[②]之。臣窃矫君命，以责赐诸民，因烧其券，民称万岁。乃臣所以为君市义也。』孟尝君不说，曰：『诺，先生休矣！』

注释

①拊爱：抚爱。拊，通『抚』。②贾利：像商人一般向他们谋取利益。

孟尝君问：『怎么买「义」？』冯谖回答说：『现在贤公只有这小小的一块薛地，贤公不但不爱护薛地的百姓，反倒像商人一般向他们谋取利益。因此臣才私自假传贤公的命令，把所有债款都赏给那些人，并当场烧毁了所有债券，百姓莫不高兴得高呼「万岁」，这就是臣为贤公所买的「义」。』孟尝君听了这话很不高兴地说：『我都知道了，先生去休息吧！』

后期年，齐王谓孟尝君曰：『寡人不敢以先王之臣为臣①。』孟尝君就国于薛，未至百里，民扶老携幼，迎君道中。孟尝君顾谓冯谖：『先生所为文市义者，乃今日见之。』冯谖曰：『狡兔有三窟，仅得免其死耳。今君有一窟，未得高枕而卧也。请为君复凿二窟。』

注释

①寡人不敢以先王之臣为臣：我不敢用先王的臣子做臣子，即罢免其官职。

过了一年以后，齐王对孟尝君说：『寡人不敢用先王的臣子做臣子。』不得已孟尝君只好回到自己的封地薛城去，还差一百里路，薛地的百姓就扶老携幼来迎接他，这时他回过头来对冯谖说：『先生以前所说为我买的「义」，大概就是今天这种场面吧！』冯谖说：『连狡猾的兔子都有三个洞，但是也只不过免得一死罢了。如今贤公才只有一个洞，根本还不能高枕无忧，所以让臣再给贤公多挖两个洞。」

原文

孟尝君予车五十乘，金五百斤，西游于梁，谓惠王曰：「齐放其大臣孟尝君于诸侯，诸侯先迎之者，富而兵强。」于是，梁王虚[①]上位，以故相为上将军，遣使者，黄金千斤，车百乘，往聘孟尝君。冯谖先驱诫孟尝君曰：「千金，重币也；百乘，显使也。齐其[②]闻之矣。」

注释

①虚：空缺。②其：语气词，表示推测，揣度。

译文

于是孟尝君就给冯谖五十辆车子和五百两黄金，派他到西面的梁国去游说，他对梁惠王说：「齐王放逐他的大臣孟尝君到外地去，哪个诸侯先迎接他，就可以富国强兵。」这时梁王就留出一个相国的职位，把原来的相国调任为上将军，另外派了一个使者带了一千斤黄金和一百辆兵车，到薛地去聘请孟尝君，冯谖先赶回薛地告诉孟尝君说：「一千斤黄金是极贵重的聘礼，一百辆兵车是极显耀的使节，齐王应该听到这件事了。」

原文

梁使三反，孟尝君固辞[①]不往也。齐王闻之，君臣恐惧，遣太傅赍[②]黄金千斤，文车二驷，服剑一，封书谢孟尝君曰：「寡人不祥，被[③]于宗庙之祟，沉于谄谀之臣，开罪于君，寡人不足为也。愿君顾

先王之宗庙，姑反国统万人乎？』

注释

①固辞：坚决推辞。②赍：送给某人礼物。③被：遭到。

译文

梁国的使节往返了三次，孟尝君都坚决婉谢不去梁国。齐王听到了这个消息以后，君臣都非常恐惧，就派太傅送黄金一千斤、四马花车两辆、佩剑一把，另外又附了一封信向孟尝君谢罪说：『都是寡人的不好，大概是有宗庙的鬼神作怪，才糊里糊涂听了谄媚阿谀之臣的话，以致得罪了贤公。寡人自己不会治理国家，希望贤公能顾念先王的宗庙，暂且回国辅佐寡人治理万民！』

原文

冯谖诫孟尝君曰：『愿请先王之祭器，立宗庙于薛①。』庙成，还报孟尝君曰：『三窟已就，君姑高枕为乐矣。』

注释

①立宗庙于薛：在薛地建立宗庙，这样可以巩固孟尝君的地位。

译文

冯谖忠告孟尝君说：『请贤公乘这个机会把先王的祭器移来薛地建立宗庙！』薛地的宗庙落成以后，冯谖回来向孟尝君汇报说：『贤公的三个洞臣都已经替贤公挖好，从此贤公就可以高枕无忧安享快乐了！』

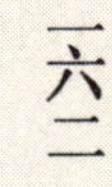

原文

孟尝君为相数十年，无纤介之祸[①]者，冯谖之计也。

注释

①无纤介之祸：指没有丝毫灾祸。纤、介，都是细小的意思。

译文

孟尝君以后做了几十年的丞相，一直没有遭受丝毫灾祸，这都是仗着冯谖的计谋。

孟尝君为从

原文

孟尝君为从[①]。公孙弘谓孟尝君曰：『君不以[②]使人先观秦王。意者[③]秦王帝王之主也，君恐不得为臣，奚暇[④]从以难之？意者秦王不肖之主也，君从以难之，未晚。』孟尝君曰：『善，愿因请公往矣。』公孙弘：『敬诺。』以车十乘之秦。

注释

①从：通『纵』，合纵。②以：应为『如』。③意者：假若。④暇：时间。

译文

孟尝君田文想要建立合纵同盟。公孙弘对孟尝君说：『贤公您不如先派遣人去调查一下秦王。倘若秦王是一个能够称帝于天下的圣明的君王，只怕您以后做臣子都不行，哪里还有什么时间去组

管仲

管仲，春秋时期齐国著名的政治家。他辅佐齐桓公，对内实行改革，对外采取『尊王攘夷』的方针以建立霸权。孔子评价管仲的功绩时说『微管仲，吾其披发左衽矣。』

织建立合纵盟约，去对抗秦国呢？倘若秦王是没有才能的君王，您再去组织建立合纵盟约去对抗秦国，也还不晚呀！』孟尝君说：『好，我愿意请求先生去一趟秦国。』公孙弘回答说：『好。』于是他就带了十辆车马到秦国去了。

原文

昭王闻之，而欲愧[①]之以辞。公孙弘见，昭王曰：『薛公之地大小几何？』公孙弘对曰：『百里。』昭王笑而曰：『寡人地数千里，犹未敢以有难也。今孟尝君之地方百里，而因欲难寡人，犹可乎？』公孙弘对曰：『孟尝君好人，大王不好人。』昭王曰：『孟尝君之好人也，奚如？』公孙弘曰：『义不臣乎天子，不友乎诸侯；得志不惭为人主，不得志不肯为人臣，如此者三人。而治，可为管、商之师，说义听行，能致其，如此者五人。万乘之严主也，辱其使者，退而自刎，必以其血污其衣，如臣者十人。』昭王笑而谢之曰：『客胡为若此，寡人直与客论耳！寡人善孟尝君，欲客之必谕[②]寡人之志也。』公孙弘曰：『敬诺。』

公孙弘可谓不侵矣。昭王，大国也；孟尝，千乘也。立千乘之义而不可陵③，可谓足使矣。

注释

①愧：羞愧，羞辱。②谕：告诉。③陵：通「凌」，凌辱。

译文

秦昭王听说这件事之后，打算用言语来羞辱孟尝君。公孙弘面见秦昭王，秦昭王问：「孟尝君的封地大小有多少呢？」公孙弘回答说：「方圆一百里。」昭王笑着说：「我的土地有方圆数千里，尚且不敢对抗别人，如今孟尝君只有区区一百里的土地，就想要对抗我，这还可以吗？」公孙弘回答说：「孟尝君好招揽贤士，但是大王您却不爱招揽贤士。」秦昭王说：「孟尝君爱招揽贤士，又能怎样呢？」公孙弘回答说：「孟尝君讲求道义，即使是不能臣事天子，不能得到诸侯的友善；得志，不愧是百姓的主子；不得志，也不愿意去做大臣。像这样的人，他是第三个。治国，孟尝君能够当管仲和商鞅的师傅，讲述道义，听取建议并实行，能够做到这些的，他是第五个人。大王您虽贵为万乘之国令人敬畏的君主，但是侮辱他的使节，我将退一步自杀而死，一定要让我的血溅污您的衣服。像我这样的人，孟尝君还有十个人。」昭王笑了笑，道歉说：「先生您为什么非要这样呢，我只不过是和先生谈论谈论。我对孟尝君非常友善，想要让先生一定要告诉孟尝君我的心思。」公孙弘说：「遵命。」

公孙弘可以称得上是不辱使命了。秦昭王，是拥有万乘的大国，孟尝君，拥有千乘封地。但是公孙弘使得千乘之地的正义不被凌辱，可以称得上是完成使命了。

鲁仲连谓孟尝

原文

鲁仲连谓孟尝：『君好士也。雍门[①]养椒亦，阳得子养，饮食、衣裘与之同之，皆得其死。今君之家富于二公，而士未有为君尽游[②]者也。』君曰：『文不得是二人故也。使文得二人者，岂独不得尽？』对曰：『君之厩马百乘，无不被绣衣而食菽粟[③]者，岂有骐麟、騄耳哉？后宫十妃，皆衣缟、纻，食粱[④]、肉，岂有毛廧、西施哉？色与马取于今之世，士何必待古哉？故曰：「君之好士未也。」』

注释

①雍门：原本为地名，此处借地名代指人。②尽游：全心全意地对待彼此。③菽粟：豆子和米。④粱：指一种比较好的大米。

译文

鲁仲连对孟尝君田文说道：『君子喜欢贤士，雍门子当年收养椒亦，阳得子供养贤士，饮食、穿衣都与贤士们保持一样，贤士都愿意为他们而去卖命。现在您的家里比当年雍门子、阳得子二人要富裕的多，但是却没有贤士全心全意地与您相待的。』孟尝君说：『这是因为我没有碰到像椒亦这两个人一样的贤士。倘若田文我能得到像这两个人一样的贤士，怎么可能不为我竭尽全力呢？』鲁仲连回答说：『您马厩里有百匹马，他们都穿着锦绣马衣，吃着豆类、小米这样的饲料，是否有骐麟、騄耳这样的良马呢？您的后宫有十位妃子，都穿着白纱、细麻这样的衣服，都吃的是白米、精肉，难

道就有毛嫱、西施这样的美女吗？美色和骏马都取自于当今的社会，为何贤士就必须要从古代选取呢？因此我说：「您并非是真正的喜爱士人。」。

孟尝君逐于齐而复反

原文

孟尝君逐于齐而复反①。谭拾子②迎之于境，谓孟尝君曰：「君得无有所怨齐士大夫？」孟尝君曰：「有。」「君满意杀之乎？」孟尝君曰：「然。」谭拾子曰：「事有必至，理有固然，君知之乎？」孟尝君曰：「不知。」谭拾子曰：「事之必至者，死也；理之固然者，富贵则就之，贫贱则去之。此事之必至，理之固然者。请以市谕③：市，朝则满，夕则虚，非朝爱市而夕憎之也。求存故往④，亡故去。愿君勿怨！」

孟尝君乃取所怨五百牒削去之，不敢以为言。

注释

①反：通「返」，返回。②谭拾子：齐国的大臣。③谕：指比喻，打比方。④求存故往：想要买东西因此就去了。

译文

孟尝君被齐国驱逐，之后又返回来了，谭拾子就到边境去迎接他，对孟尝君说道：「您对齐国的这些士大夫们有些怨恨吧？」孟尝君回答道：「有怨恨。」「如果把他们杀了，您就会满意了吧？」

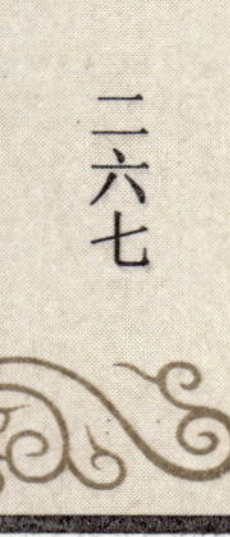

孟尝君回答说：『是这样。』谭拾子又说：『事物有它必然的结果，道理有它原本的样子，您懂吗？』孟尝君回答说：『不懂。』谭拾子说：『事物必然的结果，是死亡；道理原本的样子是，如果富贵的话，人们就会亲近他；假若贫穷低贱的话，人们就会离开他。这就是事物的必然结果，道理原本的样子。请让我来用市场打个比方；市场上，早上的时候人很满，晚上就空了，这并非是因为人们早上喜欢市场，晚上憎恶市场。而是因为早上市场上有人们需要的东西，因此就到市场上去了。而晚上市场上没有人们所需要的东西了，所以就离开了。希望贤公您别怨恨他们。』

于是孟尝君就把他所怨恨的五百个人的名字从竹板上削了下去，不敢再提了。

齐宣王见颜斶

原文

齐宣王见颜斶[①]，曰：『斶前！』斶亦曰：『王前！』宣王不悦。左右[②]曰：『王，人君也；斶，人臣也；王曰「斶前」，亦曰「王前」，可乎？』斶对曰：『夫斶前为慕势，王前为趋士；与使斶为趋势，不如使王为趋士。』

注释

①颜斶：齐国的隐士。②左右：近臣。

译文

齐宣王召见隐士颜斶，对他说：『颜斶，你往前来！』颜斶也说：『大王，您往前来！』齐宣王于是就很不高兴。近臣们说：『大王，是百姓的君王；你，只是个臣子；大王说「颜斶，你往前来」，你也说「大王，您往前来」，这合适吗？』颜斶回答说：『我往前去是攀附权势，大王往前来是谦恭地对待士人；与其让我攀附权势，不如让大王谦恭地对待士人。』

原文

王忿然[①]作色曰：『王者贵乎，士贵乎？』对曰：『士贵耳，王者不贵。』王曰：『有说乎？』斶曰：『有。昔者秦攻齐，令曰：「有敢去柳下季[②]垄五十步而樵采者，死不赦。」令曰：「有能得齐王头者，封万户侯，赐金千镒[③]。」由是观之，生王之头曾不若死士之垄也。』宣王默然不悦。

注释

①忿然：愤怒的样子。②柳下季：就是柳下惠，古时鲁国的贤士。③镒：古代的重量单位，一镒相当于二十两。

译文

宣王脸上露出十分生气的样子，说：『大王高贵，还是士人高贵呢？』颜斶回答说：『士人高贵，君王不高贵。』齐宣王问：『有什么说法吗？』颜斶回答说：『有，之前秦国讨伐齐国，下令道：「如果有人胆敢在柳下季的坟墓五十步以内砍柴的，定判处死罪，绝不赦免。」又下令道：「有谁能够得到齐王的首级，就赏封万户侯，赏赐黄金千镒。」从这可以看出，活着的君王的首级，还比不上死去的士人的坟墓。』宣王听了不说话，非常不高兴。

原文

左右皆曰：『斶来！斶来！大王据千乘之地，而建千石[1]钟，万石虡[2]；天下之士，仁义皆来役处；辩知[3]并进，莫不来语；东西南北莫敢不服；求万物不备具，而百无不亲附。今夫士之高者乃称匹夫，徒步而处农亩，下则鄙野、监门闾里。士之贱也亦甚矣！』

注释

①石：为重量单位，一石相当于一百二十斤。②虡：摆放乐器的架子。③知：通『智』。

译文

近臣们都说：『颜斶你过来！颜斶你过来！君王拥有千乘大国的国土，建造了千石重的大钟，还有万石重的乐器的架子；普天之下的士人们，行仁义的都来到此处；能言善辩之士和聪明智慧的士人都想要觐见，没有谁不向前言语；东西南北的各个诸侯没有谁敢不服；齐王想要的万物无不齐备；百姓们没有不亲近依附的。如今高阶层的士人都自称为匹夫，走路要步行，居于农田之中；下等的士人则处在偏僻的乡野，为闾里看护大门。士人也太低贱了。』

原文

斶对曰：『不然，斶闻古大禹之时，诸侯万国。何则？德厚之道得，贵士之力也。故舜起农亩，出于野鄙，而为天子。及汤之时，诸侯三千。当今之世，南面称寡[1]者乃二十四。由此观之，非得失之策与？稍稍[2]诛灭，灭亡无族之时，欲为监门闾里，安可得而有乎哉？是故《易传》不云乎：「居上位未得其实[3]，以喜其为名[4]者，必以骄奢为行；据慢骄奢，则凶从之。」是故无其实而喜其名者削；

无德而望其福者约；无功而受其禄者辱；祸必握[⑤]。故曰「矜功不立，虚愿不至」，此皆幸乐其名华而无其实德者也。

注释

①南面称寡：古代的国君都是坐北朝南，因此说面向南面称王。②稍稍：渐渐，逐渐。③实：指内在的品行道德。④名：指外在的虚名。⑤握：通『渥』，深厚。

译文

颜斶回答说：『不对。斶我曾听闻古代大禹的时候，有万个诸侯。怎么样治理呢？即注重教化、尊崇道德，重视士人的力量。因此舜在农田中被起用，出自偏僻的山野，最后成为一代天子。到了汤的时候，天下有三千个诸侯。如今坐北朝南称为寡君的才有二十四个。从这来看这不是「得到士人」和「失去士人」的策略不同所造成的吗？诸侯之间互相厮杀渐渐地被灭族的时候，想要成为闾里看门的人，这又怎么可以呢？因此《易传》不是说了吗：「处在上位的统治者，没有内在的修养，只喜欢那种外在的虚名，他们一定会用骄傲奢侈的方式来办事；傲慢奢侈，灾祸一定随后就到。」因此说没有内在的修为，只喜欢外在的空名的人，国家就将衰弱；没有德行，却期盼得到幸福的人，一定会处于困窘之境；没有功绩，却得到俸禄的人，必将受到羞辱。祸害必然会深重。因此说「居功自傲的人无法建立功业；只喜好虚名的人终将不能达成所愿」，这都是说喜欢华而不实的虚名，而没有内在的道德修养的人。

原文

『是以尧有九佐，舜有七友，禹有五丞，汤有三辅，自古及今而能虚成名于天下者，无有。是以君王无羞亟[①]问，不愧下学。是故成其道德，而扬功名于后世者，尧、舜、禹、汤、周文王是也。故曰：「无形者，形之君也；无端者，事之本也。」夫上见其原，下通其流，至圣人明学，何不吉之有哉？老子[②]曰：「虽贵必以贱为本，虽高必以下为基。是以侯王称孤、寡、不毂[③]，是其贱之本与。」非夫？孤、寡者，人之困贱下位也，而侯王以自谓，岂非下人而尊贵士与？夫尧传舜，舜传禹，周成王任周公旦[④]，而世世称曰明主，是以明乎士之贵也。』

注释

①亟：指屡次，多次。②老子：名耳，道家学说的代表人物，学说集中体现在其著作《老子》之中。③不毂：指不善，是古时诸侯、君王对自己的谦称。④周公旦：周武王的弟弟，成王莅位时年纪尚小，由周公旦辅政。

译文

『因此尧帝有九个辅佐之人，舜帝有七位好友，禹帝有五位辅佐之臣，商汤有三位辅助之人，从古到今，只依靠外在的虚名就称霸天下的人，根本就没有。因此国君们应该不耻下问，不因为向地位不如自己的人学习而羞愧，这样才能修养出内在的道德，被后世人宣扬功名，尧、舜、禹、汤、周文王就是这种人。因此说：「没有形状的东西主宰着有形的东西，没有开端的东西是做事的根本。」向上能看到它的开端，向下能知道它的流变，已经达到了圣明和明晰学问的极致了，还能有什么不吉利的事呢？老子说：「显贵一定要视卑贱为根本，高一定要以下为基础。因此诸侯君王自称为孤、寡、不榖，这正是把卑贱作为根本。」难道不是这样吗？孤、寡，是指人居于困境、处于卑贱的地位。诸侯、君王以孤、寡自称，这难道不是谦居人下、尊重士人吗？尧把帝位传给舜，舜把帝位传给禹，周成王任用周公旦，世世代代都把他们称颂为明君。这恰恰是由于他们懂得士人的高贵。』

原文

宣王曰：『嗟乎，君子焉可侮哉！寡人自取病耳。及今闻君子之言，乃今闻细人[①]之行。愿请受为弟子。且颜先生与寡人游，食必太牢[②]，出必乘车，妻子[③]衣服丽都。』

颜斶辞去，曰：『夫玉生于山，制则破焉；非弗宝贵矣，然夫璞不完。士生乎鄙野，推选则禄焉；非不得尊遂也，然而形神不全。斶愿得归，晚食以当肉，安步以当车，无罪以当贵，清静贞正以自虞[④]。制言者，王也；尽忠直言者，斶也。言要道已备矣，愿得赐归，安行而反臣之邑屋！』则再拜而辞去也。

斶知足矣，归反扑，则终身不辱也。

注释

①细人：指小人。②太牢：牛羊猪全备，是非常高的饮食待遇。③妻子：妻子和孩子。④虞：通『娱』，娱乐。

宣王说："哎呀！君子哪里可以侮辱呢？我是自取羞辱啊。今天我才听了您的一席话，才知道这是小人的行为。我请求您收我为学生吧。而且颜先生如果能够和我交友的话，吃的必定是上等宴席，外出必定会有车马可供差遣，妻子儿女必然衣着华丽。"

颜斶推辞离去了，说："玉生在山里，一经过加工就破坏了它本来的样子，并不是不珍贵，只是不能保存璞玉本来的面貌。士人生活在偏远的乡野，推举选拔之后享受俸禄，并非是不尊贵显赫，只是他的形貌和精神都无法保全。我希望能够返回乡野，晚一些吃饭，就当吃的是肉，悠闲的散步就当是坐车了，不犯罪就当是富贵了；清静纯正，自娱自乐。让我进言的人，是大王您；竭尽忠诚对大王直言劝谏的是我。我主要想说的也已经说完了，希望大王您能恩赐我返回，平安地返回我家乡的小屋。"于是再一次向齐王拜谢告别了。

颜斶已经知足了，返回家乡，恢复他纯朴的面貌，这样终身都没有受到侮辱。

先生王斗造门而欲见齐宣王

先生王斗①造门而欲见齐宣王，宣王使谒者②延入。王斗曰："斗趋见王，为好势；王趋见斗，为好士。于王何如？"使者复还报。王曰："先生徐之，寡人请从。"宣王因趋而迎之于门，与入。曰："寡人奉先君之宗庙，守社稷，闻先生直言正谏不讳。"王斗对曰："王闻之过。斗生于乱世，事

乱君，焉敢直言正谏？』宣王忿然作色，不说。

注释

①王斗：齐国人。②谒者：传令的人。

译文

齐人王斗登门，想要面见拜访齐宣王，宣王就派传令官把王斗引领进来。王斗却对传令官说：『我来面见大王，是攀附权势；大王前来迎接我却是善待士人。大王该认为哪个好呢？』传令官再次向宣王禀报。宣王说：『让先生稍候片刻，我前去迎接。』于是宣王就出来在门口迎接他，与他一起进来。宣王说：『我守奉先王的宗庙，守护国家社稷，听说先生您能直言进谏，没有什么忌讳。』王斗回答说：『大王您听的不对。我生活在乱世之中，又侍奉昏乱之君，哪里敢直言进谏呢？』宣王脸上露出愤怒之色，非常不高兴。

原文

有间，王斗曰：『昔先君桓公所好者。九合诸侯，一匡天下。天子受[①]籍，立为大伯。今王有四焉。』宣王说，曰：『寡人愚陋，守齐国，唯恐失抎[②]之，焉能有四焉？』王斗曰：『否。先君好马，王亦好马；先君好狗，王亦好狗；先君好酒，王亦好酒；先君好色，王亦好色；先君好士，是王不好士。』宣王曰：『当今之世无士，寡人何好？』王斗曰：『世无骐骥、騄耳，王驷已备矣；世无东郭俊、卢氏之狗，王之走狗已具矣；世无毛嫱[③]、西施，王宫已充矣。王亦不好士也，何患无士？』王曰：『寡人忧国爱民，固愿得士以治之。』王斗曰：『王之忧国爱民，不若王爱尺縠[④]也。』王曰：『何谓也？』王斗曰：『王

使人为冠，不使左右便辟，而使工者何也？为能之也。今王治齐，非左右便辟无使也，臣故曰「不如爱尺縠」也。』

宣王谢曰：『寡人有罪国家。』于是举士五人任官，齐国大治。

注释

①受：通『授』，指授予。②抎：通『陨』，陨落。③毛嫱：越王的爱妾。④尺縠：一尺绸纱。

译文

片刻之后，王斗又说：『以前先君齐桓公所喜好的是九次召集诸侯，匡正天下。天子授予他封地，立其为天下霸主。现在大王您有四种爱好和先君齐桓公相同。』宣王很高兴，说：『我愚钝、孤陋寡闻，守护齐国只害怕有失当之处，哪里有和先君相同的四种爱好呢？』王斗说：『不。先君齐桓公喜爱马，大王您也爱马；先君桓公喜爱狗，大王您也爱狗；先君桓公喜爱喝酒，大王您也喜爱喝酒；先君桓公喜好色，大王您也喜好色；但是先君桓公喜好贤士，大王您却不喜欢贤士。』宣王说：『如今世间没有贤士，我又怎能喜爱贤士呢？』王斗说：『如今世间没有骐驎、騄耳这样的良驹，但是大王您的车马已经很齐备了；如今世间没有东郭之地的俊、韩地的卢氏这样的狗，但是大王您的猎犬也已经准备好了；如今世间没有毛嫱、西施这样的美女，但是大王您的后宫之中美女也已经很充足了。大王您也只是不喜欢贤士，又怎么会担心么没有贤士呢？』宣王说：『我忧心国家爱护百姓，原本是想要得到贤士帮我治理国家的。』王斗说：『大王您忧心国家，爱护百姓，比不上您对一尺绸纱的喜爱。』宣王说：『此话怎讲？』王斗说：『大王让人为您做帽子，不让近臣们去做，却让工匠去做，这是因为什么呢？

这是因为他们能够做好。如今大王治理齐国，不是近臣就不让去治理。因此我说：「大王您对国家百姓的爱比不上对一尺绸纱的爱。」』

宣王谢罪说：『我对国家犯下了罪过啊。』于是就举荐了五名贤士担任官职，很快齐国就被治理得很好。

齐王使使者问赵威后

原文

齐王使使者问赵威后。书[①]未发，威后问使者曰：『岁[②]亦无恙[③]耶？民亦无恙耶？王亦无恙耶？』使者不说，曰：『臣奉使使威后，今不问王而先问岁与民，岂先贱而后尊贵者乎？』威后曰：『不然，苟无岁，何以有民？苟无民，何以有君？故有问舍本而问末者耶？』

注释

①书：信件，书信。②岁：指收成。③恙：原指毒虫，后泛指病灾。

译文

齐襄王让使臣去问候一下赵威后，赵威后还没有把书信打开，就问使者：『今年收成没有什么灾祸吧？百姓也都安乐吧？齐王没有什么大恙吧？』使者不高兴，说：『臣奉齐王的命令出使赵国，问候太后，如今太后您不先问候我们齐王却问收成和百姓，这不是先问候卑贱后问候尊贵吗？』赵威后回答说：『不对。假设没有收成，又怎么会有百姓？倘若没有百姓，又怎么会有君王？哪里有

不问候根本，却问候末梢的呢？」

原文

乃进而问之曰：「齐有处士①曰钟离子，无恙耶？是其为人也，有粮者亦食，无粮者亦食；有衣者亦衣，无衣者亦衣。是助王养其民也，何以至今不业也？叶阳子无恙乎？是其为人，哀鳏寡②，恤孤独，振③困穷，补不足。是助王息其民者也，何以至今不业也？北宫之女婴儿子无恙耶？彻其环瑱，至老不嫁，以养父母。是皆率民而出于孝情者也，胡为至今不朝也？此二士弗业，一女不朝，何以王齐国、子万民乎？於陵④子仲尚存乎？是其为人也，上不臣于王，下不治其家，中不索交诸侯。此率民而出于无用者，何为至今不杀乎？」

注释

①处士：隐居不为官的人。②鳏寡：老年无妻为鳏，老年无夫为寡。③振：通『赈』，赈济，救济。

④於陵：齐国的地名。

译文

于是她又接着问道：「齐国有个处士叫钟离子，他还好吗？他这个人，有粮食的人他让这些人有饭吃，没粮食的，他也让这些人有饭吃；有衣服的人，他让他们有衣可穿，没有衣服的人，他也让他们有衣服可穿，他这是在帮助国君养育人民，为什么到现在都没有得到重用呢？叶阳子他还好吗？他这个人，哀悯体恤鳏寡孤独的人，救济贫困、不充足的人。这是在帮助齐王体恤齐国的人民啊，为什么到现在还没有得到任用呢？北宫家的女儿婴儿子还好吧？她去掉耳环、玉

饰，一直到现在老了都没有婚嫁，以便奉养父母，这是用真心的孝敬成为人民的代表，为什么到现在还没有得到朝廷的褒奖呢？这两位贤士不被任用，这位孝顺的女儿不被嘉奖，还怎么统治齐国、以万民为子呢？於陵的子仲是否还活着？他这个人，上不对齐王行为臣之道，下不能管治好自己的家业，中间不和诸侯交往，这是在用无用之人统率百姓啊！为何齐王到现在都没有把他处死呢？」

齐王见田骈

齐王见田骈曰：「闻先生高议①，设②为不宦，而愿为役③。」田骈曰：「子何闻之？」对曰：「臣闻之邻人之女。」田骈曰：「何谓也？」对曰：「臣邻人之女，设为不嫁，行年三十，而有七子。不嫁则不嫁，然嫁过毕矣。今先生设为不宦，訾④养千钟⑤，徒百人。不宦则然矣，而富过毕也。」田子辞。

注释

①高仪：应为「高义」，道德高尚。②设：立志。③役：为百姓役，即为百姓出力。④訾：通「资」，取得。⑤钟：古代的计量单位，六十四斗为一钟。

译文

有一齐国人前去拜见田骈，说道：「听说先生您道德高尚，立志不求入仕途做官，而一心只想

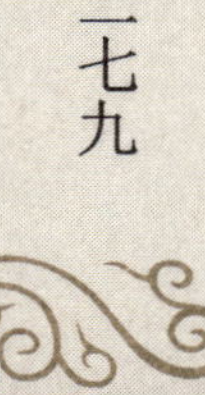

为百姓出力。』田骈问道：『你是从哪里听到的呀？』那人回答道：『我是从邻家女子那里听来的。』田骈问：『你这么说是什么意思？』那人说：『邻家之女一向立志不嫁，年龄还没到三十，却已经有了七个子女，表面上是声称不嫁，实际上却比出嫁还要厉害。如今先生虽然没有入仕做官，却享有俸禄千种，跟从的仆役也有百人，表面上是说不做官，可实际上比做了官还要富有呀！』田骈听了很是惭愧。

管燕得罪齐王

原文

管燕得罪齐王，谓其左右曰：『子孰而①与我赴诸侯乎？』左右嘿然②莫对。管燕连然流涕曰：『悲夫，士何其易得而难用也！』田需对曰：『士三食不得餍③，而君鹅鹜有馀食；下宫糅罗纨，曳绮縠④，而士不得以为缘⑤。且财者君之所轻，死者士之所重，君不肯以所轻与⑥士，而责士以所重事君，非士易得而难用也。』

注释

①孰而：而当为衍文，应去掉。②嘿然：通默然。③餍：满足。④糅罗纨，曳绮縠：指后宫的仆人穿的都是绫罗绸缎。⑤缘：边沿。⑥与：给予。

译文

管燕得罪了齐王以后，便对他的左右亲近之人说道：『你们当中有谁可以为我到诸侯中去奔走劝说一番呢？』左右亲近没有一个人出来应答。管燕很伤心地流着泪说道：『可悲呀！为什么士人那么容易就可以得到，却有这样困难为己所用呀？』田需回答说：『士人在您这里，一日三餐都得不到满足，而您养的那些鹅、鸭，却有吃不完的饲料；您的后宫仆妾穿的全都是绫罗绸缎，而您的士人却想要用它们做个衣服的沿边也不可得呀。而且财货都是您所看轻的，而性命则士人所看重的。那些您所看轻的财货您都不肯将其送给士人，却要求士人用他们所看重的性命去为您效劳，这种情况，您如何可以说「士人容易招致得来却难以为己所用」呀！』

苏秦自燕之齐

原文

苏秦自燕之齐，见于华章南门。齐王曰：『嘻，子之来也！秦使魏冉致帝[①]，子以为何如？』对曰：『王之问臣也卒[②]。而患之所从生者微。今不听，是恨[③]秦也；听之，是恨天下也。不如听之以卒秦，勿庸称[④]也以为天下。秦称之，天下听之，王亦称之，先后之事帝名，为无伤也；秦称之，而天下不听，王因勿称，其于以收天下。此大资[⑤]也。』

注释

①致帝：送来帝号，即让魏王称帝。②卒：通『猝』，突然。③恨：使之恨。④称：称帝。⑤大资：大大的好处。

苏秦从燕国前去齐国，齐王亲自到章华宫门口迎接他。齐王说道：『啊！你来得正好呀。秦国派魏冉前来，邀请我和秦王一同称帝，您以为怎么样？』苏秦说：『您向我提的这个问题太过突然了。然而大凡祸患总是容易从小处产生的，不得不加以慎重考虑，如果您不同意秦国的要求，这将会招致和秦国产生矛盾；如果您答应了秦国，这将会招致和其他诸侯产生矛盾。不如您先将称帝之事答应下来以应付秦国，而又不立即宣称帝号应付其他诸侯。如果秦国称帝之后，其他诸侯都表示赞同的话，大王也就随之宣布称帝。谁先立帝号，谁后立帝号，都是无关紧要的。如果秦国称帝以后，诸侯纷纷反对的话，大王就不再宣布称帝了，以此来取信于诸侯，这样以来，好处将会是大大的呀。』

苏秦谓齐王

苏秦谓齐王曰：『齐、秦立为两帝，王以天下为尊秦乎？且尊齐乎？』王曰：『尊秦。』『释帝①，则天下爱齐乎，且爱秦乎？』王曰：『爱齐而憎秦。』『两帝立，约伐赵，孰与伐宋之利也？』王曰：『不如伐宋。』对曰：『夫约然与秦为帝，而天下独尊秦而轻齐；齐释帝，则天下爱齐而憎秦；伐赵不如伐宋之利。故臣愿王明②释帝，以就③天下；倍约傧秦④，勿使争重；而王以其间⑤举宋。夫有宋，则卫之阳城危；有淮北，则楚之东国危；有济西则赵之河东危；有阴、平陆，则梁门不启⑥。故释帝

而贰之以伐宋之事，则国重而名尊，燕、楚以形服，天下不敢不听，此汤、武之举也。敬秦以为名，而后使天下憎之，此所谓「以卑易尊」者也。愿王熟虑之也。』

注释

①释帝：放弃帝号。②明：公开。③就：靠近、亲近。④倍约傧秦：倍，通『背』，违背。傧，通『摈』，抛弃。⑤间：趁机。⑥不启：关闭大门。

译文

苏秦对齐王说道：『如果齐国和秦国都建立帝号，大王认为诸侯是会尊重秦国呢，还是尊重齐国？』齐王说：『会尊重秦国。』苏秦说：『如果放弃帝号的话，诸侯是会亲近齐国呢，还是会亲近秦国？』齐王说：『诸侯将会亲近齐国而憎恨秦国。』『如果齐、秦两国都建立了帝号，结盟一同去进攻赵国，或者是去进攻宋国，哪个对我们更为有利呢？』齐王说：『不如去进攻宋国对我们有利。』苏秦说：『齐国和秦国联合起来约定共同建立帝号，可诸侯只会尊重秦国而将看轻齐国；如果齐国放弃帝号的话，诸侯就会亲近齐国而憎恨秦国；联合起来去进攻赵国不如其进攻宋国对我们有利。根据这上面三点，我希望大王可以公开宣布放弃称帝，以便于和天下诸侯亲近；然后和秦国解除盟约，不再和秦国争高下。大王可趁机灭掉宋国。只要占有了宋国，卫国的阳城就会陷入危急之境；之忧占有了淮北，楚国的东地就会陷入危急之境；只要占有了济西，赵国的河东就会陷入危急之境；只要占有了陶邑和平陆，魏国就会闭门以防守。因此说，我们要放弃帝号，改变计划去进攻宋国，那样以来，齐国的地位就是就举足轻重的了，而大王的名声也可以得以尊显，燕国、楚国也都会因为

形势的变化而向齐国臣服，天下诸侯便不敢不听从于大王您，这可是相当于商汤、周武王那样的伟大功业啊！放弃帝号名义上来看是尊秦，实际上却会让诸侯都去痛恨秦国，这就是我们所说的「以卑易尊」的策略啊！希望大王您对此深思熟虑啊。』

卷十二　齐策五

苏秦说齐闵王

原文

苏秦说齐闵王曰：『臣闻用兵而喜先天下者忧，约结而喜主怨者孤。夫后起者藉[1]也，而远怨者时也。是以圣人从事，必藉于权，而务兴于时。夫权藉者，万物之率也；而时势者，百事之长也[2]。故无权籍，倍时势，而能事成者寡[3]矣。

注释

①藉：凭借。②时势者，百事之长也：利用时势是做任何事情的核心。③寡：少。

译文

苏秦游说齐闵王道：『臣听说喜欢首先在天下挑动战争的人必然有后患，不顾惹人憎恨而为主缔结盟约的人必然陷于孤立。所以说，后发制人有所凭借，顺应时势方能远离怨恨。所以圣人开创事业，必然借助权势，并且利用时机而兴旺发达。借助权势是统率万物的关键；利用时势是做任何事情的核心。所以不凭借权势，违背时机，却能办成大事的太少了。

原文

『今虽干将、莫邪[1]，非得人力，则不能割刿矣。坚箭利金，不得弦机之利，则不能远杀矣。矢非不铦[2]，而剑非不利也，何则？权藉不在焉。

注释

①干将、莫邪：宝剑。阳刚的宝剑为干将，阴柔的宝剑称为莫邪。②铦：锋利。

译文

“现在虽然有干将、莫邪等宝剑，但是如果没有人力的运用，就不能切割东西；虽有锐利的弓箭和坚硬的箭头，如果得不到弓弦弩机的配合，也不能够射杀远处的敌人。箭并不是不锐利，剑也不是不锋利，那是什么缘故呢？因为没有借助权势。

原文

“何以知其然也？昔者赵氏袭卫，车舍人不休傅，卫国城割平①，卫八门土而二门堕矣，此亡国之形也。卫君跣行②，告遡于魏。魏王身被甲底剑，挑赵索战。邯郸之中骛，河、山③之间乱。卫得是藉也，亦收余甲而北面，残刚平，堕④中牟之郭。

注释

①割平：割地求和。②跣行：指光着脚逃命。③河、山：特指黄河、太行山。④堕：攻取。

译文

“如何知道是这样呢？从前赵国袭击卫国，掌管兵车的人前进不止，当赵国大军攻进卫国以后，卫国就割地向赵国求和。当时卫国的八道城门都用土堵死，结果有两道城门被毁，这就是亡国的情形。卫国君主光着脚逃命，派人求救魏国。魏武侯身披甲胄，手持锋利的剑向赵国挑战，在赵都邯郸城中战马奔驰，黄河与太行山之间一片混乱。卫国利用这一形势，也收拾残兵向北进攻，收复卫邑刚平，攻下赵邑中牟的外城。

原文

『卫非强于赵也，譬之卫矢而魏弦机也，藉力魏而有河东之地。赵氏惧，楚人救赵而伐魏，战于州西[①]，出梁门，军舍林中，马饮于大河。赵得是藉也，亦袭魏之河北烧棘沟，坠黄城。故刚平之残也，中牟之堕也，黄城之坠也，棘沟之烧也，此皆非赵、魏之欲也。然二国劝行之者，何也？卫明于时权之藉[②]也。

注释

①州西：魏国地名，位于今河南沁阳东部。②明于时权之藉：明察时势，凭借他国力量。

译文

『由此可见，卫国并不比赵国强盛，假如把卫比作弓的箭，那么魏就等于是弓弦机弩，依赖魏国的力量才占有河东这块地方。赵国感到恐惧，楚国人去救赵攻魏，在州西开战，从魏都大梁的城东出去，大军驻扎在林中，战马在黄河里饮水。赵国利用这些形势，也偷袭魏的河北，焚烧棘沟，攻陷黄城。因而说刚平的被摧毁，中牟的被攻破，黄城的被攻陷，棘沟的被焚烧，这些都不是赵、魏原来就能想到的。然而两国极力进取，究竟是为什么呢？那是因为卫国明察时势，利用他国力量的缘故。

原文

『今世之为国者不然矣。兵弱而好敌强，国罢[①]而好众怨，事败而好鞠之，兵弱而憎下人[②]也，地

狭而好敌大，事败而好长诈。行此六者而求伯，则远矣。

注释

①罢：疲弊。②下人：在别人之下。

译文

『可是当今治理国家的人却不然，自己国家兵力本来薄弱，反倒喜欢去对抗强敌，国力本来疲惫不堪，反倒喜欢和人民结怨，战争已经失败了，反倒喜欢继续苦战下去。兵力薄弱，仍然以身居人下为可耻，土地狭小，仍然喜欢和大国为敌，战事失败了，仍然喜欢使用诈术。实行这六种办法却想要建立霸业，那就越走越远了。

原文

『臣闻善为国①者，顺民之意，而料兵之能，然后从于天下。故约不为人主怨，伐不为人挫强。如此，则兵不费，权不轻②，地可广，欲可成也。昔者，齐之与韩、魏伐秦、楚也，战非甚疾也，分地又非多韩、魏也，然而天下独归咎于齐者，何也？以③其为韩、魏主怨也。

注释

①为国：治理国家。②权不轻：权势不会被人轻视。③以：因为。

译文

『臣听说善于治理国家的人，顺从人民的意愿，并且有预料战事的能力，然后才从事平定天下的大事。所以缔约时不能自己为主，承担怨怒，作战不替他人去摧毁强敌，这样就不必消耗兵力，而

且国权就不被轻视，土地就可以扩大，愿望也就可以实现。以前齐国跟韩、魏攻打秦、楚，战争并不算很激烈，齐国分得的土地又不比韩、魏多，然而天下诸侯偏偏归罪于齐国，这是什么道理呢？因为齐国替韩、魏结怨的缘故。

原文

『且天下遍用兵矣，齐、燕战，而赵氏兼[1]中山，秦、楚战，韩、魏不休，而宋、赵专用其兵。此十国者，皆以相敌为意，而独举心于齐者[2]，何也？约而好主怨，伐而好挫强也。

注释

①兼：兼并。②独举心于齐者：偏偏都憎恨齐国。独，偏偏。

译文

『再说那时天下诸侯都在用兵，齐、燕交战，又有赵国兼并中山，秦、楚开战，韩、魏两国又打个不休，而宋、赵也专事征伐。这十个国家，都勾心斗角互相敌对，然而天下诸侯却只注意齐国，这又是什么道理呢？因为在缔约时齐国喜欢站在怨仇的中心，战争时齐国喜欢攻打强敌的缘故。

原文

『且夫强大之祸，常以王人[1]为意也；夫弱小之殃，常以谋人为利也。是以大国危，小国灭也。大国之计，莫若后起而重伐不义。夫后起之藉与多而兵劲，则事以众强適[2]罢寡也，兵必立也。事不塞天下之心，则利必附[3]矣。

注释

①王人：为他人之王，即指称霸。②適：通『敌』。③附：依附，归附。

译文

『再说强国的祸患，是常把凌驾诸国之上作为自己的出发点；弱国遭受灾殃，常常是以图谋他人的利益作为自己的出发点。因而大国陷于危险，小国归于灭亡。大国的军事计划，莫如后发制人并讨伐不义之国。后起事容易有借口，支援的人多，兵力又强盛，这是用人多势强去对付疲惫衰弱的局面，所以在军事上必定能胜利成功，只要不使天下民意受到阻碍，那么利益也就必然会来到。

原文

『大国行此，则名号不攘而至，伯王不为而立矣。小国之情，莫如仅①静而寡信诸侯。仅静，则四邻不反；寡信诸侯，则天下不卖②。外不卖，内不反，则槟③祸朽腐而不用，币帛矫蠹而不服矣。小国道此，则不祠而福矣，不贷而见足矣。故曰：祖仁者王，立义者伯，用兵穷者亡。

注释

①仅：通『谨』，指谨慎。②卖：出卖，反叛。③槟：摒弃，摒却。

译文

『大国假如能这样做，帝号根本不必争取就会自然来到，霸业根本不必努力就会自然成功。小国最好谨慎从事，不要轻信诸侯。小心谨慎，就不至于被邻国愚弄；不轻信诸侯，就不至于被天下诸

侯出卖。外面不会被出卖，里面不会被愚弄，那么就可以躲开战祸。不亲信腐朽势力，货币布帛直到干枯蛀坏也是用不完的。小国如果能照这样做，即使不祈祷也会有幸福降临，即使不借贷自会丰足。所以说：「崇尚仁者可以为王，建立义者可以称霸，穷兵黩武必然灭亡。」

原文

『何以知其然也？昔吴王夫差以强大为天下先，强袭郢[1]而栖越，身从诸侯之君，而卒身死国亡，为天下戮者，何也？此夫差平居而谋王，强大而喜先天下之祸也。昔者莱、莒[2]好谋，陈、蔡[3]好诈，莒恃越而灭，蔡恃晋而亡，此皆内长诈，外信诸侯之殃也。由此观之，则强弱大小之祸，可见于前事矣。

注释

①郢：楚国国都。②莱、莒：莱国、莒国。③陈、蔡：战国时期的两个小国。

译文

『怎么知道会如此呢？从前吴王夫差仗恃国家强大，率领天下诸侯袭击楚国，囚禁赵王勾践，各诸侯都服从他的号令，然而到后来夫差却身死国亡，受到天下各诸侯的耻笑。这是什么道理呢？因为夫差平时喜欢君临他国之上，并且仗恃国家的强盛，率领天下诸侯制造祸端。以前莱国和莒国领主喜欢用阴谋，而陈国和蔡国喜欢用诈术；后来莒国虽然仗恃越国却灭亡了，蔡国虽然仗恃晋国也灭亡了，这都是因为对内使用诈术，对外轻信诸侯惹来的灾祸。由此看来，国家无论强大或弱小，只要遭到祸害，都可以在历史事实中看到证据。

原文

『语曰：「麒骥之衰也，驽马先之；孟贲①之倦也，女子胜之。」夫驽马、女子，筋骨力劲，非贤于麒骥、孟贲也。何则？后起之藉也。今天下之相与也不并灭，有而案②兵而后起，寄怨而诛不直，微用兵而寄于义，则亡天下可蹻足而须③也。

注释

①孟贲：古时的大力士。②案：通『按』。③蹻足而须：跷足等待。

译文

『常言道：「骏马衰老以后，驽马都能跑在它前面；孟贲疲倦以后，连女子都能战胜他。」驽马和女子的体力都不及骏马和孟贲强壮，那为什么反倒胜过骏马和孟贲呢？这就是因为有后发制人的优势。当今天下势均力敌的国家，彼此都不能灭亡对方，有的按兵不动伺机起事，借别人去诛讨邪恶势力，隐匿用兵的原因，假借正义之名，那吞并天下就可以跷足等待了。

原文

『明于诸侯之故，察于地形之理者，不约亲，不相质①而固，不趋而疾，众事而不反，交割②而不相憎，俱强而加以亲。何则？形同忧而兵趋利也。何以知其然也？

注释

①相质：互相扣留人质。②交割：相互割让土地。

译文

『明了诸侯的变故，精察地理形势，不结盟、不互相扣留人质，情谊会更牢固；不慌张不急躁可以使事情进展迅速；诸侯间互相往来我们不要反对，互相割让土地我们也不要嫉恨，双方都强大了我们就设法亲近。这是什么道理呢？因为在形势上虽然各国有共同的忧患，而实际上战争是为了夺取利益。是如何知道这一点的呢？

原文

『昔者齐、燕战于桓之曲，燕不胜，十万之众尽。胡人袭燕楼[1]烦数县，取其牛马。夫胡之与齐非素[2]亲也，而用兵又非约质而谋燕也，然而甚于相趋者，何也？何则形同忧而兵趋利也。由此观之，约于同形则利长，后起则诸侯可趋役也。

注释

①燕楼：地名，位于今山西静乐县西北一带。②素：向来，平日里。

译文

『当初齐、燕在桓山折曲的地方打仗，结果燕军惨败，十万大军全部被歼灭。胡人则乘机攻打燕国的燕楼和烦几个县，抢夺无数牛马。胡人和齐国向来就不亲近，用兵时又没有缔结什么条约，或者用人质作抵押来共谋燕国，然而实际上合作的程度比订军事同盟还要彻底。这是什么道理呢？因为在形势上有共同的忧患，而战争的实质都是为了争夺利益。由此看来，和政治形势相同的国家结盟利益就会长远，后发制人就会有诸侯赶来协助。

『故明主察相①，诚欲以伯王也为志，则战攻非所先。战者，国之残也，而都县之费也。参费已先，而能从诸侯者寡矣。彼战者之为残也，士闻战则输私财而富军市，输饮食而待死士，令折辕而炊之，杀牛而觞②士，则是路③君之道也。

注释

①察相：明察的相国。②觞：喝酒的一种金属容器，再次表示慰劳。③路：使虚弱。

译文

『所以英明的君主和精明的宰相，如果真有想做霸王的抱负，那就不能先发动战争，因为战争必会伤到国家的元气，并且要耗费各地的费用，会遭受各种损失。如果国家受到损伤，还能联合到其他诸侯的事很少见了。战争是如此具有破坏性，因此士人一听到战争就捐献私有财产作为军费，商人更是拿出酒菜款待战争的将士，长官也折断车前的横木当柴火，杀牛宰羊慰劳士卒，这些都是坑害君王的做法。

『中人祷祝，君翳酿，通都①小县置社，有市之邑莫不止事而奉王，则此虚中之计也。夫战之明日②，尸死扶伤，虽若有功也，军出费，中哭泣，则伤主心矣。死者破家而葬，夷伤者空财而共药，完者内酺③而华乐，故其费与死伤者钧。故民之所费也，十年之田而不偿也。

注释

①都：都城。②明日：即第二天。③酺：痛快地喝。

译文

“战前，国人祈祷，国君祭祀，大城市和小县城都设有神庙，有市场的城镇都歇业来为君主效命，这些都是可以使国内空虚的行动。在战后的第二天，遍地死尸，人民搀扶着受伤的将士，他们虽然建立了赫赫战功，可惜军队所消耗的战费之多，和全国人民悲哀哭嚎之惨，已经伤透家人的心。阵亡将士家属为安葬父兄而倾家荡产，负伤将士更为了医药费而用尽家中财产。那些侥幸未受伤的军人，在家里饮酒作乐，他们消耗的费用竟然和死伤将士相等。所有这些耗费的金钱，十年耕作的收获都抵偿不过。

原文

“军之所出，矛戟折，镮弦绝，伤弩，破车，罢马，亡矢之大半。甲兵之具，官之所私出也，士大夫之所匿，厮养士之所窃，十年之田而不偿也。天下有此再费者，而能从[1]诸侯寡矣。

注释

①从：通“纵”，合纵。

译文

“军队出发以后，矛和戟折损，车辕和弓弦拉断，弓弩损伤，兵车破坏，战马疲倦，箭损失大半。甲胄和兵器，是官家自己花钱买的，经过士大夫的藏匿和士卒的窃取，即使用十年耕作所得也无法

补偿这笔损失。天下有这样庞大的浪费的国家，还能和诸侯联合，可太少了。

原文

『攻城之费，百姓理襜蔽①，举冲橹②，家杂总，身窟穴，中罢于刀金。而士困于土功③，将不释④甲，期数而能拔城者为亟⑤耳。上倦于教，士断于兵，故三下城而能胜敌者寡矣。

注释

①襜蔽：遮蔽矢石的器具。②冲橹：带有高高的棚子的车。③土功：争夺土地的战争。④释：解开，脱下。⑤亟：很快。

译文

『攻城的费用是如此庞大，以至于百姓有的整理遮蔽矢石的器具，有的运送兵车战舰，有的在家织布，有的工作在地窖里面，有的在战乱中疲于奔命，尤其是那些在争夺土地的战争中的士兵更是困苦，将军都不敢脱下甲胄休息，一个月或几个月攻下一座城池已经算很快了。上面的长官无暇训练士兵，下面的士兵又缺少武器，所以攻下三个城池以后还能胜过敌人的，也是太少了。

原文

『故曰：彼战攻者，非所先也。何以知其然也？昔智伯瑶攻范、中行氏①，杀其君，灭其国，又西围晋阳，吞兼二国，而忧一主②，此用兵之盛也。然而智伯卒身死国亡，为天下笑者，何谓也？兵先战攻，而灭二子患也。日③者，中山④悉起而迎燕、赵，南战于长子，败赵氏；北战于中山，克燕军，杀其将。

注释

①智伯瑶攻范、中行氏：智伯瑶、范、中行氏都是晋国的六卿。②一主：此指赵襄子，也是晋的六卿之一。③曰：一说应为『昔』。④中山：国名。

译文

『因此可以断言，这种进攻不应该首先发动。怎么知道是如此呢？以前智伯瑶攻打范、中行氏，杀死他们君主，灭亡他们的国家，然后又派大军往西围困晋阳。吞并了两个国家，并且又逼得赵襄子走投无路，这可算得上最成功的用兵了。然而到后来智伯却身死国亡，被全天下的人所耻笑。这是什么道理呢？是因为智伯首先发动战争而灭亡范、中行氏所引起的祸患。以前中山氏调动全国的军队迎战燕、赵，南面在长子击败赵军，北面在中山击败燕军，杀死燕将。

原文

『夫中山千乘之国也，而敌万乘之国二，再战北胜，此用兵之上节也。然而国遂亡，君臣于齐者，何也？不啬①于战攻之患也。由此观之，则战攻之败，可见于前事。

注释

①不啬：没有节制。

译文

『中山只不过是一个有一千辆兵车的小国，然而却能击败两个拥有一万辆兵车的大国，而且是连战连胜，这应该算是最会用兵的了。然而到头来国家仍不免灭亡，而中山的君主也做了齐国的臣子。

这是什么道理呢？是因为对战事没有节制所招来的祸患。由此看来，发动战争而引起的失败，可以从以前的事实中看到。

『今世之所谓善用兵者，终战比胜①，而守不可拔，天下称为善，一国得而保之，则非国之利也。臣闻战大胜者，其士多死而兵益弱；守而不可拔者，其百姓罢②而城郭露。夫士死于外，民残于内，而城郭露于境，则非王之乐也。今夫鹄的③非咎罪于人也，便弓引弩而射之，中者则善，不中则愧，少长贵贱，则同心于贯之者，何也？恶其示人以难也。

注释

①终战比胜：始终在作战接连取胜。②罢：疲备。③鹄的：靶心。

译文

『当今所谓会用兵，有的是连战连胜，或者固守城池不可攻破，天下人称为最佳战绩。然而即使这个国家的土地得以保存，也不能使国家长治久安。臣听说作战而能大获全胜的，将士都要阵亡大半，因而使兵力更弱；守城而不被敌人攻破的，它的百姓将疲惫不堪，甚而城里城外满目荒凉。在外有众多将士伤亡，在内人民饱受困苦，城郭在边境上成为废墟，这并不是君王值得高兴的事。要说箭靶上的红心并不会得罪人，但是人们都喜欢用箭来射它，射中的人们叫好，射不中的就很惭愧，不论老少尊卑都一心想要射中红心。这是什么道理呢？因为讨厌让人看出自己不会射箭。

原文

『今穷战比胜，而守必不拔，则是非徒[①]示以人难也，又且害人者也，然则天下仇之必矣。夫罢士露国，而多与天下为仇，则明君不居[②]也；素用强兵而弱之，则察相不事。彼明君察相者，则五兵[③]不动而诸侯从，辞让而重赂至矣。

注释

①非徒：不仅仅，不只。②不居：不做。③五兵：五种兵器，即弓、弋、矛、戈、戟。

译文

『现在有人经年不停地战争，而且连战连胜，所守的城池敌人攻不破，这不但是与人为难，而且还损害他人利益，因此天下必然都仇视他。使战士困顿，国家虚空，又多半和天下结仇，这是贤明君主所不肯做的事；常用兵作战，就会使强兵变成弱兵，这是贤明相国所不会做的事。至于明君和贤相，根本不用弓弋矛戈戟等五种兵器，天下诸侯就服从了他们的号令；讲究辞让之礼，巨额的财富就自然送到他手中。

原文

『故明君之攻战也，甲兵不出于军而敌国胜[①]，冲橹不施而边城降，士民不知而王业至矣。彼明君之从事也，用财少，旷日远而为利长者。故曰：兵后起则诸侯可趋役也。

注释

①敌国胜：战胜敌国。

译文

『所以明君发兵作战，不用出动军队就可以战胜敌国，不使用攻城陷阵的兵车战船就可降服敌国，在百姓还不知道时就把王业缔造成功。那些明君所做的事用钱少，所需的时间虽然长些，可是却能为国家奠定百年基础。所以说只有军队后发制人，诸侯才会赶来助战。

原文

『臣之所闻，攻战之道非师①者，虽有百万之军，比之堂上②；虽有阖闾、吴起之将，禽③之户内；千丈之城，拔之尊俎④之间；百尺之冲，折之衽席之上。故钟鼓竽瑟之音不绝，地可广而欲可成；和乐倡优侏儒之笑不之，诸侯可同日而致也。

注释

①师：军队。②比之堂上：使他们败于堂上。③禽：通『擒』，指擒获。④尊俎：酒杯和切菜板。尊，通『樽』，喝酒的容器。

译文

『据臣所知，攻城之道不在军队的多少。虽然有百万大军，也可以使他们败在我们的帷幄之中；虽然有阖闾和吴起那样出色的军事家，也可以通过室内的计谋把他们俘虏；虽然有一千丈高的城墙，也可以使之在杯酒、饭菜之间倒塌；虽然有一百尺高的战车，也可以在卧床上将其折断。结果将是钟、鼓、竽、瑟等乐器的声音不绝于耳，土地得到扩充，愿望也可以按时实现，和着乐声而舞的优伶和矮人等欢笑的声音永不休止，各国诸侯在同一天来朝拜。

原文

『故名配天地不为尊①，利制海内不为厚②。故夫善为王业者，在劳天下而自佚③，乱天下而自安，诸侯无成谋，则其国无宿忧也。何以知其然？佚治在我，劳乱在天下，则王之道也。

注释

①尊：尊贵。②厚：功劳大。③佚：通『逸』，安逸。

译文

『所以名号齐于天地不算高贵，财权控制四海不算功大。善于创建王业的人，在于使天下劳碌而自己安逸生活，使天下纷乱而自己安宁度日。如果能使各诸侯的阴谋无法得逞，那么自己的国家就永久消除了忧患。怎么能知道这些事情呢？生活安逸社会安定归我，生活辛劳社会混乱归天下人，这才是建立王业的根本办法。

原文

『锐兵来则拒之，患至则趋①之，使诸侯无成谋，则其国无宿忧②矣。何以知其然矣？昔者魏王拥土千里，带甲三十六万，恃其强而拔邯郸，西围定阳，又从十二诸侯朝天子，以西谋秦。秦王恐之，寝不安席，食不甘味，令于境内，尽堞中为战具，竟为守备，为死士置将，以待魏氏。

注释

①趋：迎击。②宿忧：长久的忧患。

译文

「精兵攻来就抵抗，祸患到来就迎击，使诸侯阴谋不能得逞，那么我们的国家就没有长久的隐患了。怎么会知道是如此呢？从前魏惠王拥有土地千里，穿甲胄的战士三十六万，仗恃自己国家的强大，攻下赵都邯郸，又向西围攻定阳，后来又联合十二诸侯去朝见天子，想西去图谋攻击秦国。秦王听了很害怕，连睡觉都不能安枕、吃饭都吃不出味道，于是就在国内下一道命令，把全部城墙都配备上作战的武器，加强边防的军事设施，并且招募敢死队，调兵遣将，严阵以待魏军的进攻。

原文

『卫鞅谋于秦王曰：「夫魏氏其功大，而令行于天下，有十二诸侯而朝天子，其与必众。故以一秦而敌大魏，恐不如。王何不使臣见魏王，则臣请必北魏①矣。」秦王许诺。

注释

①北魏：击败魏国。

译文

『这时商鞅给秦王出计谋道：「魏国势力强大，号令能通行天下，而且曾和十二诸侯朝见天子，魏国的党羽必定很多，一个秦国恐怕抵挡不住强大的魏国。大王不如派臣去见魏王，臣一定能使魏军败退。」秦王接受了商鞅的计策。

原文

『卫鞅见魏王曰：「大王之功大矣，令行于天下矣。今大王之所从十二诸侯，非宋、卫也，则邹、鲁、

陈、蔡，此固大王之所以鞭棰[1]使也，不足以王天下。大王不若北取燕，东伐齐，则赵必从矣；西取秦，南伐楚，则韩必从矣。大王有伐齐、楚心，而从天下之志，则王业见[2]矣。大王不如先行王服，然后图齐、楚。」

注释

①鞭棰：马鞭。②见：完成，实现。

译文

『于是商鞅去见魏王说：「大王的势力够大了，号令可行于天下。可是大王率领的十二诸侯，不是宋、卫，就是周、鲁、陈、蔡，这些本来都是大王用马鞭驱策的小国，根本不配和大王共治天下。所以大王实在不如北面联合燕国，东面去讨伐齐国，到那时赵国必然会服从；然后再往西联合秦国，往南征讨楚国，到那时韩国必定会顺服。大王若有讨伐齐、楚的决心，又顺从了天下人的志愿，那王业就可以实现了。大王不如先准备天子的服装，然后再去图谋齐、楚。」

原文

『魏王说于卫鞅之言也，故身广公宫，制丹衣，柱建旌九斿[1]，从七星之旟[2]。此天子之位也，而魏王处之。于是齐、楚怒，诸侯奔齐，齐人伐魏，杀其太子，覆其十万之军。魏王大恐，跣行按兵于国，而东次于齐，然后天下乃舍之。当是时，秦王垂拱[3]受西河之外，而不以德魏王。

注释

①九斿：指绘有青龙的一种旗帜，边上缀有九条丝带。②七星之旟：古时战争中的一种旗。③垂

拱：垂手、拱手，在此指非常简单，不费劲。

译文

『魏王很重视商鞅的话，所以亲自指挥扩建宫殿，制作红色的王袍，树立天子的旌旗，打着画有朱雀的军旗，这些都是天子的威仪，可是魏王全用上了。这时齐、楚两国大为愤怒，诸侯都赶去援助齐国，齐国联合各诸侯发兵攻魏，杀死魏太子申，消灭魏国十万大军。魏王非常恐惧，光着脚狼狈逃回国内命令停止进军，后来又往东逃到齐国，这时天下诸侯才停止进攻魏国。到这时，可以说秦王在垂衣拱手之间不费吹灰之力就得到了西河以外的土地，但是并不感激魏王的好意。

原文

『故曰卫鞅之始与秦王计也，谋约不下席，言于尊俎之间，谋成于堂上，而魏将①以禽于齐矣；冲橹未施，而西河之外入于秦矣。此臣之所谓比之堂上，禽将户内，拔城于尊俎之间，折冲席上者也。』

注释

①魏将：指庞涓。

译文

『所以说：当商鞅和秦王谋划时，策划不需走下坐席，议论是在酒宴之间，可是计谋刚在厅堂之上形成，魏将庞涓已经被齐国俘虏了，兵车战船不曾使用，西河以外的土地就已经归秦国所有了。这都是臣所说的：「在厅堂上打败敌人，在帷幄里俘虏敌将，在酒宴上攻下敌城，在枕席上折断敌人兵车。」』

齐负郭之民有孤狐咺者

原文

齐负郭[①]之民有孤[②]狐咺者，正议，闵王斮[③]之檀衢，百姓不附；齐孙室子陈举直言，杀之东闾，宗族离心；司马穰苴[④]为政者也，杀之，大臣不亲。以故燕举兵，使昌国君[⑤]将而击之。齐使向子[⑥]将而应之。齐军破，向子以舆一乘亡。达子[⑦]收余卒，复振，与燕战，求所以偿者，闵王不肯与，军破走。

注释

①负郭：指临近城郊的地方。②孤：衍文，无意义。③斮：即斩杀。④司马穰苴：司马，官职名；穰苴，人名。⑤昌国君：燕将，即乐毅。⑥向子：齐国的大臣。⑦达子：齐国的将军。

译文

齐国靠近城郊的地方有个叫狐咺的人，直言批评国家，闵王在檀衢的街上把他斩了，百姓不敢亲近闵王了；齐国宗室后代陈举直言进谏，被齐闵王在东闾处死，宗族的人也不和闵王一心了；司马穰苴执管朝政，也被闵王处死了，大臣也不再亲近闵王了。于是燕国趁此机会发兵，任命乐毅率领军队，攻打齐国。齐国任命向子帅军应战。齐军败，向子架着战车逃亡了。后来达子将军又召集了残余的士卒，再次振作起来，与燕军再战，达子将军向齐王要求给士兵发放补偿金，齐闵王不肯给予，齐军最终大败而逃。

原文

王奔莒，淖齿[①]数之曰：『夫千乘、博昌[②]之间方数百里，雨血沾衣，王知之乎？』王曰：『不知。』

『嬴、博之间地坼[3]至泉，王知之乎？』王曰：『不知。』『人有当阙而哭者，求之则不得，去之则闻其声，王知之乎？』王曰：『不知。』淖齿曰：『天雨血沾衣者，天以告也；地坼至泉者，地以告也；人有当阙而哭者，人以告也。天地人皆以告矣而王不知戒焉，何得无诛乎？』于是杀闵王于鼓里[4]。

注释

①淖齿：原为楚将。公元前284年燕将军乐毅攻破了齐国国都临淄，齐闵王逃亡莒地。淖齿受楚王之命救助齐国，被闵王任用为齐相。②千乘、博昌：皆为齐地名，分别位于今山东高苑、博兴一带。③地坼：土地干裂。④鼓里：莒地的地名。

译文

后来闵王逃往莒地，楚将淖齿数落闵王说：『齐国的千乘与博昌两地间方圆几百里，下着血雨沾湿了衣服，大王您知道吗？』闵王回答说：『不知道。』淖齿问：『嬴、博两地之间土地都干裂得到了泉底，大王您是否知道？』闵王回答说：『不知道。』淖齿又问：『有人对着宫门哭，可是寻找的时候却看不到人，离去之后就又听到声音了，大王您是否知道？』闵王又回答说：『不知道。』淖齿说：『天降血雨沾湿衣服，这是老天在警诫您；地枯裂到泉底，这是大地在警告您，有人对着宫门哭，这是人在警告您。天、地、人都警告您，但大王您还是不知道警诫，又怎么会不受到惩罚呢？』于是淖齿就在莒地鼓里把闵王给杀了。

原文

太子乃解衣免服，逃太史之家，为溉园。君王后太史氏女知其贵人，善事之。田单以即墨之城，破亡余卒，破燕兵，绐骑劫[1]，遂以复齐，遽迎太子于莒，立之以为王。襄王即位，君王后以为后，

生齐王建。

注释

①骑劫：燕国的将军。

译文

太子于是就换了衣服，逃避到了太史的家里，为太史家浇灌花园。后来成为王后的太史家的女儿知道他应该是一位贵人，对他非常友好。齐将田单凭借即墨城为据点，收拾残兵，攻破了燕军，以诡诈之计战胜了燕将骑劫，于是得以收复失地，马上就到莒地迎接太子，尊立太子为齐国国王。齐襄王继位之后，就册封太史家的女儿为王后，生下了后来的齐王建。

王孙贾年十五事闵王

原文

王孙贾年十五，事①闵王。王出走②，失王之处。其母曰：『女③朝出而晚来，则吾倚门而望；女暮出而不还，则吾倚闾而望。女今事王，王出走，女不知其处，女尚何归？』

王孙贾乃入市中曰：『淖齿乱齐国，杀闵王，欲与我诛者袒④右！』市人从者四百人，与之诛淖齿，刺而杀之。

注释

①事：侍奉。②出走：指逃亡。③女：即『汝』，你。④袒：裸露。

译文

那时闵王的家臣王孙贾刚刚十五岁，侍奉齐闵王。国都沦亡，齐闵王逃亡了，王孙贾找不到闵王逃到了哪里。他的母亲就对他说：『以前你早上出去晚上回来，我就靠着家门等着你回来；如果你晚上出去没有回来，我就靠着闾门等着你回来。而你如今侍奉齐王。齐王逃走了，你连他到哪里去了都不知道，你还回家干什么？』

于是王孙贾到市场，说：『相国淖齿惑乱齐国，杀害了闵王，有谁愿意和我一起去诛杀淖齿的，就裸露右边的肩！』市场上有四百人都跟着他走了，和他一起去诛杀淖齿，最终刺杀了淖齿。

燕攻齐取七十余城

原文

燕攻齐，取七十余城，唯莒、即墨①不下。齐田单以即墨破燕，杀骑劫②。初，燕将③攻下聊城，人或谗之④。燕将惧诛，遂保守聊城，不敢归。田单攻之岁余，士卒多死，而聊城不下。

注释

①唯莒、即墨：均为齐地名，分别位于今山东莒县和平度东南。②骑劫：燕国将领。③燕将：指昌国君乐毅。④人或谗之：国内有人诋毁他。

译文

燕国攻打齐国，攻占了七十多座城池，只剩下了莒地和即墨城还没有攻下。齐将田单就凭借着即墨城的残兵攻破了燕国，绞杀了燕军将领骑劫。当初，燕将乐毅将要攻取齐国的聊城的时候，朝廷内有人诋毁他，燕将乐毅唯恐被诛杀，于是就留守齐地聊城，不敢回到燕国。田单攻打燕军打了一年多，大部分的士卒都已经死了，但是聊城还是没有攻下。

原文

鲁连乃书，约之矢，以射城中，遗[①]燕将曰：『吾闻之，智者不倍[②]时而弃利，勇士不怯死而灭名，忠臣不先身而后君。今公行一朝之忿，不顾燕王之无臣，非忠也；杀身亡聊城，而威不信于齐，非勇也；功废名灭，后世无称，非知也。故知者不再计，勇士不怯死。今死、生、荣、辱，尊、卑、贵、贱，此其一时也。愿公之详计而无与俗同也。

注释

①遗：对。②倍：通『背』，背弃。

译文

后来齐臣鲁仲连就给燕将写了封信，把书信绑在箭上，射到聊城之中，对燕将说道：『我听说，聪明的人是不会违背战机、放弃利益的，勇士是不会畏惧死亡和毁掉英名的，忠臣是不会先考虑自己而后才考虑君王的。如今将军您竟然因为一时的激愤，而不考虑燕王将要没有臣子了，这是不忠；如果您自杀，聊城将被攻破，威名就不会再被齐人信服，这是不勇；功绩、英名都将毁于一旦，不会被后世所称道，这是不智。因此聪明的人不会再三考虑，勇敢的人不会畏惧死亡，现如今生死荣辱、尊卑贵贱，都将决定于您一时的裁决。希望将军您能仔细考虑，不要与俗人一样。

原文

『且楚攻南阳[1]，魏攻平陆，齐无南面之心[2]；以为亡[3]南阳之害，不若得济北[4]之利，故定计而坚守之。今秦人下兵，魏不敢东面，横秦之势合，则楚国之形危。且弃南阳，断右壤，存济北，计必为之。今楚、魏交退，燕救不至，齐无天下之规，与聊城共据，期年[5]之弊，即臣见公之不能得也。

注释

①南阳：齐国地名，位于今山东邹县一带。②南面之心：指抵抗楚、魏的打算。③亡：丧失。④济北：指聊城。⑤期年：满一年。

译文

『虽然楚国攻打齐地南阳、魏国讨伐齐地平陆，但齐国还击楚、魏的打算，我们以为丢掉南阳的害处，比不上得到聊城的好处，因此我们决议围困聊城。现在秦王又发兵帮齐国，魏国也不敢攻打东面的平陆；秦、齐两国联合的形势已定，楚国的形势就会很危急。并且即使是丧失南阳、丢掉平陆，只要能使济北聊城之地得以保存，齐国必定会按此行事。现在楚、魏两国已经先后退兵，燕国的援救之军还没有到来，齐国已经不会再被天下诸侯图谋，我们会和聊城共存亡，这一年的漏弊，我就知道将军您是不会取胜的。

原文

『齐必决之于聊城，公无再计。彼燕国大乱，君臣过计，上下迷惑。栗腹[1]以百万之众，五折于外，万乘之国，被围于赵，壤削主困，为天下戮[2]，公闻之乎？今燕王方寒心独立，大臣不足恃，国弊祸多，民心无所归。今公又苡弊聊之民，距全齐之兵，期年不解，是墨翟之守也；食人炊骨，士无反北之心③，是孙膑、吴起之兵也。能以见于天下矣！

注释

①栗腹：燕国的相国。②戮：羞辱。③反北之心：反叛之心。

译文

“齐国必然会和燕军在聊城决战，将军您没有别的办法。您的燕国现在大乱，君臣都没有计策，上上下下都惶惑不已。相国栗腹将帅百万军队，却在外面五次战败，万乘之国，竟然被赵国围困。土地被削割，国君也很困扰，被天下诸侯所侮辱，将军您知道吗？现在，燕王十分寒心孤立，臣子们不足以倚仗，国家破败，祸事不断，民心无所归依。如今你用疲惫的聊城子民，抵抗齐国所有的军队，已经一年了却没有解除围困，这是像墨翟一样善于守城；人们饿得到以人肉、人骨为食，但是将士们却没有反叛背弃的心思，这是像孙膑、吴起一样善于统领军队。您的才能足以被天下所见！

原文

“故为公计者，不如罢①兵休士，全车甲，归报燕王，燕王必喜，士民见公如见父母，交游攘臂而议于世，功业可明矣。上辅孤主，以制群臣；下养百姓，以资说士。矫国革俗，于天下功名可立也。意者②，亦捐燕弃世，东游于齐乎？请裂地定封，富比陶、卫③，世世称孤寡，与齐久存，此亦一计也。二者显名厚实也，愿公熟计而审处一也。

注释

①罢：停止。②意者：或者。③陶、卫：指秦国的魏冉、商鞅。魏冉的封地在陶，商鞅本是卫国人。

『所以，替将军您打算，不如撤兵休战，使战车甲胄得以保全，回国禀报燕王，燕王必定会很高兴。将士百姓见到您就像是见到父母一样，相互交游，挽着手臂，被世人所谈论，您的功业会扬名天下。您对上可以辅佐孤独无援的国君，辖制群臣；对下养育百姓，供给说客；矫正国家弊病，革除陋俗，可以在天下建立功名。或者您也可以捐弃燕国，抛弃世人的评价，向东周游于齐国。我会请求齐王赐予您封地，就像秦国的魏冉、商鞅一样富有，爵位世代世袭，与齐国长久存在，这也是一计。这两计一个具有显赫的威名，一个能得到丰厚的实利，希望将军您能仔细考虑一下，审慎地选择一种。

『且吾闻，效小节者不能行大威，恶小耻者不能立荣名。昔管仲射桓公中钩，篡也，遗公子纠而不能死，怯也；束缚桎梏[1]，辱身也。此三行者，乡里不通[2]也，世主不臣也。使管仲终穷抑幽囚而不出，惭耻而不见，穷年没寿，不免为辱人贱行矣。然而管子并三行之过，据齐国之政，一匡天下，九合诸侯，为伍伯首，名高天下，光照邻国。

注释

①桎梏：脚链和手铐。②通：交往。

译文

『而且我听说拘泥于小节的人不能建树大功；不能忍受小小耻辱的人不能成就功名。以前管仲射箭射中齐桓公的带钩，这是篡位谋反的罪；遗弃公子纠不能为之效死，这是胆怯的表现；手脚带上锁链，这是极大的侮辱。这三种行为，即使是乡野百姓都不会和他交往，世间的君主们都不会让他做大臣。倘若管仲始终贫困抑郁不得志，被幽闭囚禁而不能出仕，感到惭愧羞耻而不现身，一直到死，这就难免被视为羞辱之人，行为卑劣之人。但是管仲同时兼备这三种过错，最终却执掌齐国之政，匡扶天下，九次与诸侯联盟，辅佐齐桓公成为五霸之首，管仲自己也名扬天下，光辉照耀着邻国。

原文

『曹沫为鲁君[①]将，三战三北，而丧地千里。使曹子之足不离陈[②]，计不顾后，出必死而不生，则不免为败军禽将。曹子以败军禽将，非勇也；功废名灭，后世无称，非知也。故去三北之耻，退而与鲁君计也，曹子以为遭。齐桓公有天下，朝诸侯，曹子以一剑之任，劫桓公于坛位之上，颜色不变，而辞气不悖。三战之所丧，一朝而反之，天下震动，惊骇，威信吴、楚，传名后世。若此二公者，非不能行小节死小耻也，以为杀身绝世，功名不立，非知也。故去忿恚之心，而成终身之名，除感忿之耻，而立累世之功。故业与三王争流，名与天壤相敝[③]也。公其图之！』

燕将曰：『敬闻命矣！』因罢兵到读[④]而去。故解齐国之围，救百姓之死，仲连之说也。

注释

①鲁君：即指鲁庄公。②陈：通『阵』，指阵地，战场。③名与天壤相敝：指声名和天地一起凋敝。④到读：应为『倒椟』，倒背着弓套。

译文

『曹沫作为鲁庄公的将军，打了三次败了三次，丧失了上千里的土地。倘若曹沫的脚不离开战场，行

事不考虑后果，出战一定会战死无法生还，这样就无法避免被敌军擒获。如果曹沫被敌军擒获，这是不勇；功名废弃，不被后世所称道，这是不智。因此他隐忍了三次战败的耻辱，退却不战与庄公共同商讨，曹沫认为这只是偶然的遭遇。齐桓公称霸天下，诸侯朝拜，曹沫凭着一把宝剑，在祭坛之上把齐桓公劫持了，脸色都不变一下，言辞不卑不亢。三次战争所丧失的土地，一朝就收回了，震惊天下。威名为吴楚所信服，为后世所流传。这两个人，不是不能遵守小节，为小小的耻辱而死，而是因为他们认为自杀离世，功名尚未建立，这是不智的表现。因此才摒弃愤恨之心，成就终生的威名；祛除一时的耻辱，立下万世的功绩。因此两人的功业能够和三王一比高低，声名能够和天地共存，希望将军考虑考虑！』

燕将回答说：『愿意听从先生之命。』于是撤兵倒背着弓套离开了。所以说，解除齐国的围困，救百姓免于死亡的是鲁仲连的游说之辞啊！

燕攻齐齐破

原文

燕攻齐，齐破。闵王奔莒，淖齿①杀闵王。田单守即墨之城，破燕兵，复②齐墟。襄王为太子征③。齐以破燕，田单之立疑，齐国之众皆以田单为自立也。襄王立，田单相之。

注释

①淖齿：燕军攻破齐都临淄，齐闵王逃亡莒地。楚将淖齿受楚王之命救助齐国，被闵王任用为齐相，后杀害了闵王。②复：指收复。③征：证实，闵王被害之后，太子隐居于民间。

译文

燕国讨伐齐国，齐都临淄被攻破。齐闵王逃奔到莒地，相国淖齿把闵王杀害了。田单守住了即墨城，攻破了燕军，又收取了齐国之前的失地。证实了太子即后来的襄王的身份。齐国战胜了燕国，人们都疑惑田单是否拥立襄王为齐君，齐国的百姓都认为田单会自立为王。可是后来襄王被拥立为齐君，而田单成了相国。

原文

过菑水①，有老人涉菑而寒，出不能行，坐于沙中。田单见其寒，欲使后车分衣，无可以分者，单解裘而衣之。襄王恶之，曰：『田单之施，将欲以取我国乎？不早图，恐后之。』左右顾无人，岩下有贯珠者，襄王呼而问之曰：『女闻吾言乎？』对曰：『闻之。』王曰：『女以为何若？』对曰：『王不如因以为己善。王嘉②单之善，下令曰：「寡人忧民之饥也，单收而食之；寡人忧民之寒也，单解裘而衣之；寡人忧劳百姓，而单亦忧之，称寡人之意。」单有是善，而王嘉之。善单之善，亦王之善已。』王曰：『善。』乃赐单牛酒，嘉其行。

注释

①菑水：即淄水。②嘉：嘉奖，褒奖。

译文

又一次，田单路过淄水的时候，有位老人渡过淄水，由于过分寒冷，出水后竟然不会走路了，坐在沙滩上。田单见老人如此寒冷，就想让后车的人把衣服分给老人一些；但是却没有可以分出来的衣服，

于是田单脱下自己的皮裘让老人穿上。襄王十分痛恨他，说：『田单的施舍，将要谋取我的国家吗？不早点图谋此事，恐怕将来就晚了。』襄王向左右两边看了看没有人，只有殿岩下有个串珠的人，襄王就把他喊过来，问道：『你可曾听到我说的话？』匠人回答道：『听到了。』襄王问：『你觉得怎么样？』匠人回答说：『大王您不如因此做一件对自己有好处的事。大王您嘉奖田单的善行，下令说：「我担忧百姓遭受饥饿，田单就把他们收养，为他们提供饭食；我担心人民会寒冷，田单就把自己的皮裘脱下来让他们穿；我担心百姓过于劳累，田单也很担心这一点，很称我的心意。」田单有这样的善行，大王您褒奖他。善待田单的善行，也就成了大王您的善行。』襄王说：『好。』于是，就赐给田单很多牛和酒，褒奖他的善行。

原文

后数日，贯珠者复见王曰：『王至朝日，宜召田单而揖之于庭，口劳[1]之。』乃布令[2]求百姓之饥寒者收谷[3]之。乃使人听于闾里。闻丈夫之相与语，举曰：『田单之爱人，嗟乃王之教泽也！』

注释

①口劳：犒劳，慰劳。②布令：指颁布命令。③收谷：收养，收容。

译文

几天之后，串珠的那个匠人又前来拜见襄王，对襄王说：『大王您上朝的时候，最好召见田单，并且在大庭之上给他作揖，犒劳他。』于是齐襄王就颁布政令，搜求饥饿寒冷的百姓，收容供养他们。于是又派人到乡里之中，听取百姓的议论。男人们相互谈论，都说：『田单之所以爱护百姓，这都是大王教导的恩泽啊！』

田单将攻狄

田单将攻狄，往见鲁仲子，仲子曰：『将军攻狄，不能下也。』田单曰：『臣以五里之城，七里之郭，破亡馀卒①，破万乘之燕，复齐墟②，攻狄而不下何也？』上车弗谢③而去。遂攻狄，三月而不克之也。齐婴儿谣曰：『大冠若箕④，脩剑⑤拄颐，攻狄不能下，垒枯丘⑥。』田单乃惧。问鲁仲子曰：『先生谓单不能下狄，请闻其说。』鲁仲子曰：『将军之在即墨，坐而织蒉⑦，立则丈插⑧，为士卒倡曰：「可往矣，宗庙亡矣，云曰尚矣，归于何党矣！」当此之时，将军有死之心，而士卒无生之气，闻若言，莫不挥泣奋臂而欲战，此所以破燕也。当今将军，东有夜邑之奉⑨，西有菑上之虞⑩，黄金横带，而驰乎淄、渑之间，有生之乐，无死之心，所以不胜者也。』田单曰：『单有心，先生志之矣。』明日，乃厉气循城⑪，立于矢、石之所及，援枹鼓之⑫，狄人乃下。

注释

①破亡馀卒：指残兵败将。②齐墟：齐国的国土。③谢：告辞。④箕：簸箕。⑤脩剑：长剑。⑥垒枯丘：垒起座座枯墓。⑦蒉：草袋。⑧丈插：挥动铁锹。⑨奉：通『俸』，俸禄。⑩虞：通『娱』，娱乐。⑪厉气循城：鼓舞士气、巡视城防。⑫援枹鼓之：操槌击鼓。

译文

田单将要进攻狄城，前去拜见鲁仲连，鲁仲连说道：『将军您要去进攻狄城，将会攻打不下。』

田单说：『我曾经凭借着即墨的区区五里之城、七里之郭，率领一些残兵败将，将那个拥有万乘的燕国打败，收复了齐国的失地，为什么我这次进攻狄城，就攻打不下呢？』说完以后，他没有告辞就登上车走了。于是他就带兵前去进攻狄城，一连持续了三个月，却依旧没能攻下，损伤却十分惨重。齐国的小孩儿便开始唱这么一首童谣：『高高的官帽像簸箕一样，长长的宝剑托着下颌，攻打狄城却不能攻下，只留下那座座枯坟空伤悲。』田单为此十分担忧，便再次前去问鲁仲连：『先生您说我无法攻下狄城，请您将其中的道理讲给我听吧。』鲁仲连说：『以前将军在即墨的时候，坐着的时候就开始编织草袋，站的时候就去挥动铁锹，事事都身先士卒，您号召将士们说：「一定要勇敢地上战场拼杀，我们神圣的祖国将要面临灭亡，宗庙就要没有了，我们的魂魄将要飞向何处呀。」在那个时候，所有的将领都有决死之心，所有的士卒也全无生还之意，他们听了您的号召，一个个全都挥泪振臂去打仗。这就是当初您得以打败燕国的原因呀。如今将军您，在东面可以收纳夜邑封地的租税，在西面可以在淄水之上尽情地娱乐，腰间横挎着金光闪闪的宝剑，在淄水、渑水之间纵横驰骋，现在您有的全都是贪生的欢乐，而没有战死的决心。这就是您无法攻下狄城的原因呀。田单说：『我是有决死之心的，先生您就请接着看吧！』第二天，他就开始鼓舞士气，亲自巡视城防，站在那些弓箭、石子都可以射到的地方，亲自擂鼓击槌以进军，狄城最终得以被攻下了。